Christoph Quarch

Und Nietzsche lachte

Christoph Quarch

Und Nietzsche lachte

Wie man sich mit Platon verliebt,
mit Sokrates gelassen wird und trotz Kant den
Sinn des Lebens findet

KAILASH

FSC
www.fsc.org
MIX
Papier aus verantwortungsvollen Quellen
FSC® C014889

Verlagsgruppe Random House FSC-DEU-0100
Das für dieses Buch verwendete FSC®-zertifizierte Papier
EOS liefert Salzer Papier, St. Pölten, Austria.

1. Auflage
Originalausgabe

Lektorat: Stephanie Ehrenschwendner
Umschlaggestaltung: Weiss | Werkstatt | München
unter Verwendung von Motiven © shutterstock.com
Satz: EDV-Fotosatz Huber/Verlagsservice G. Pfeifer, Germering
Druck und Bindung: Friedrich Pustet KG, Regensburg
Printed in Germany
ISBN 978-3-424-63030-5
www.kailash-verlag.de

Inhalt

Die wahre Zukunft kann nur das gemeinschaftliche Ergebnis der zerstörenden und der erhaltenden Macht sein. Eben darum sind es nicht die schwachen, von jedem neuen Evangelium einer neuen Zeit ergriffenen, sondern nur die starken, zugleich an der Vergangenheit festhaltenden Geister, welche die wahre Zukunft zu schaffen vermögen.

Joseph Schelling

Wer in dieser Welt das Licht der Liebe zu erblicken vermag, dem erfüllt sich der Sinn des Lebens.

Hazrat Inayat Khan

Vorspiel im Himmel

Es geschah an einem Wintermorgen in der Ewigkeit, dass dem höchsten GOTT der Kragen platzte. Er hatte es lange genug mitangesehen. So konnte es nicht weitergehen. Seine lieben Menschenkinder waren völlig aus dem Ruder gelaufen. Sie hetzten wie besessen durcheinander, sie rechneten und handelten; sie rannten dem nach, was sie »Glück« nannten, und wurden dabei immer unglücklicher; sie rackerten sich ab, doch ihre Seelen verödeten mehr und mehr; sie bangten um ihre Gesundheit, aber schleppten sich gequält durchs Leben; um sich zu erholen verreisten sie, doch innerlich vereisten sie. So jedenfalls kam es GOTT vor. Ihm schien, dass die Menschen zwar nicht den Verstand verloren hätten, dass ihnen aber das Herz in der Brust gefroren sei; und dass sie deshalb nicht mehr klar denken konnten. Er stellte fest, dass sie den Sinn für den Sinn verloren hatten. Und also beschied er, es müsse Abhilfe geschaffen werden. So kam es, dass er den *Rat der Denker* einberief.

Und da saßen sie nun, in langen Reihen am ortlosen Ort, und sollten dem höchsten GOTT erläutern, was ihrer Meinung nach zu tun sei, um der Krisen auf Erden Herr zu werden – da saßen die Philosophen aller Zeiten, legten ihr Kinn in die Hand und dachten nach. Vielleicht sollte erwähnt werden, dass Gott in seiner endlosen Weisheit nur die Denker des Westens zum Konzil gebeten hatte. Sie, so meinte er, hatten die ganze Sache vergeigt. Und so schien es ihm nur recht und billig, dass diese gravitätisch grübelnden Herren nun auch den Karren aus dem Dreck ziehen sollten. Außerdem ergingen sich die Weisen des Ostens ja ohnehin lieber in der gedankenfreien Schwerelosigkeit ihrer Meditationen ...

Nachdem sie eine hübsche Ewigkeit vor sich hin gedacht hatten, hielt Gott die Zeit für gekommen, seine Stimme zu erheben und die erhabene Gesellschaft um Antwort auf die Frage der Fragen zu ersuchen: »Was müssen wir den Menschen geben, auf dass sie den Sinn ihres Lebens entdecken?«

Kaum war das letzte Wort Gottes im Weltall verhallt, da schnippte ganz vorne ein Mann mit den Fingern – einer, den die anderen spöttisch den »Primus« nannten; den sie also nicht recht leiden mochten.

»Sprich, Augustinus«, tönte der Ewige.

Und Augustinus sprach: »Unruhig ist mein Herz, wenn ich vor dir sprechen darf, mein ...«

»Keine langen Bekenntnisse, Augustin«, mahnte die mächtige Stimme, »komm Er zur Sache.«

»Na denn«, stammelte der irritierte Heilige, »also, wenn ich das alles richtig verstanden habe, dann sollten wir die Menschen von dort nach hier bringen, so dass sie sich auf ewig an deiner großen Herrlichkeit ergötzen können.«

Ein gewisser Dante, der auf den hinteren Rängen saß, brach ob dieser Rede in schallendes Gelächter aus und rief: »Welch göttliche Komödie!«, doch als er sah, dass sich der HÖCHSTE gelangweilt abwandte und den heiligen Kirchenlehrer mit resigniert abwinkender Geste auf seinen Platz verwies, verstummte er genauso wie all die anderen klugen Köpfe.

Dunkles Schweigen legte sich auf die Gesellschaft. Nach diesem gründlich verpatzten Auftakt wollte sich niemand mehr vorwagen. Nur einer erhob sich. Aufrecht stand er da, klar, gerade – eine prächtige Erscheinung, ganz Anstand, Disziplin, geistige Strenge. Alle respektierten ihn, auch wenn keiner ihn liebte: Kant. Immanuel Kant. Kühl konzentriert erhob er die Stimme: »Es ist meine Pflicht, Ihnen zu antworten, werter Herr«, sprach er. »Meine Antwort lautet: Geben wir ihnen eine Maxime, durch die sie zugleich wollen können, dass sie ein allgemeines Gesetz werde.«

»Hä?«

Alle Augen wandten sich zum Thron. Hatte der HÖCHSTE UND BESTE wirklich »Hä?« gesagt? Er hatte, und er saß da und kratzte sein weises Haupt.

»Noch einmal, mein Freund«, erging sein Wort, »ich habe dich nicht verstanden!«

»Ganz einfach, Sire«, erwiderte der hagere Denker. »Sorge dafür, dass sie so handeln, als ob die Maxime ihrer Handlung durch ihren Willen zum allgemeinen Naturgesetze werden sollte.«

»Ah, äh«, der EWIGE rutschte auf seinem Thron hin und her. »Aber, hm, haben wir das nicht schon versucht? Ich meine, die Zehn Gebote, Moral, Sittengesetz, Bergpredigt – mein Gott, das ganze Programm, aber es hat nichts geholfen.«

»Yes, indeed«, sprang da ein fixes Bürschchen auf, den keiner so recht kannte, der sich aber sogleich in gewandter Wendung als »John Stuart Mill, Verfechter des Utilitarismus und Liberalismus« vorstellte. Das war zwar recht anmaßend, doch ging man darüber hinweg, um zu hören, was das quirlige Männlein zu sagen habe. »Es hat nichts geholfen, weil Ihr den Menschen keine Belohnung in Aussicht gestellt habt. Machen Sie sich doch einmal Folgendes klar, mein Herr«, dabei blickte er auf zum Thron, »die Menschen wollen alle glücklich sein.«

»Richtig«, brummte der alte Aristoteles in der ersten Reihe, was Mill offenbar beflügelte, so dass er keck fortfuhr: »Also müsst Ihr sie glücklich machen, wenn sie sich an die Gebote halten. Sie brauchen eine Belohnung für ihre Moralität; und zwar nicht erst im Himmel, sondern schon auf Erden.«

Er lächelte triumphierend und sah nicht, dass Kant kotzte. Ein schrecklicher Anfall überkam den Königsberger. Alle waren peinlich berührt, und es dauerte eine kleine Ewigkeit, bis er sich erholt hatte.

»Mit Verlaub«, warf er ein, »so wird das nichts. Glück als Belohnung – was für ein billiger Handel. Ach, mein Herr«, und dabei wandte er sich unter innerer Pein zu Mill, »Sie sind eine Krämerseele, die sich wohl aufs Rechnen versteht, nicht aber aufs Denken.«

Kaum hatte Kant so gesprochen, da brauste ein Sturm auf: »Recht hat Kant«, riefen Nietzsche, Heidegger, Schelling und eine befremdlich anmutende Schar deutscher Denker.

»Recht hat Mill«, rief Adam Smith und mit ihm ein ganzes Heer englisch sprechender Herren in Maßanzügen. Ein großes Durcheinander entstand, und es bedurfte eines donnernden »Stopp« vom himmlischen Thron, um der drohenden Saalschlacht ein Ende zu bereiten.

»So nicht!«, sprach GOTT und schaute streng. »So nicht! Wir haben euch machen lassen, meine Herren. Wir haben eure Moral zugelassen! Wir haben eure Erziehungsmodelle zugelassen! Ja, wir haben sogar eure Ökonomie zugelassen! Pah, ›unsichtbare Hand‹, lächerlich!« Der EWIGE blickte angewidert auf die Herren in den Anzügen (dabei hatte er selber einen schicken Maßanzug im Schrank hängen!). »Es hat alles nichts geholfen. Es ist alles immer nur schlimmer geworden. Selbst mein Sohn hat nicht viel bewirken können – weil ihr mit euren dämlichen Philosophien alles verhunzt habt!« – Betretenes Schweigen. – »Ich will davon nichts mehr wissen! Wenn ich nicht sogleich einen vernünftigen Vorschlag höre, dann, dann ...« – Angst breitete sich im Universum aus – »... dann knallt es!«

»Was, ein neuer Urknall?« Herr Einstein, der bis dato vor sich hin geträumt hatte, war plötzlich aufgewacht.

»Ach was!«, rief da der HERR DER HEERSCHAREN, »viel schlimmer: Ich schicke ein Bataillon Propheten!«

Da zuckten sie zusammen, die Herren Philosophen. Ausgerechnet ihre Erzrivalen sollten das Rennen machen! Und dennoch brachte keiner ein Wort hervor – wirklich keiner? Nein, einer stand auf, zupfte sich am Bart, kratzte sein wirres Haar und sprach: »Gesetzt die Wahrheit ist ein Weib, könnte es wohl sein, dass keiner der hier versammelten Herren sich gut auf Weiber verstanden hat?« Feurigen Auges blickte Nietzsche in die Runde. »Dass der schauerliche Ernst, die linkische Zudringlichkeit, mit der sie bisher auf die Wahrheit zuzugehen pflegten, ungeschickte und unschickliche Mittel waren, um gerade ein Frauenzimmer für sich einzunehmen?« Er blickte auf und sah mit Genugtuung, dass der MÄCHTIGE ihn mit der Rechten ermutigte, fortzufahren. »Fest steht, dass sie sich nicht hat einnehmen lassen.« Alle blickten gebannt auf den komischen Kauz mit dem Walrossbart. »Nun«, sprach er weiter, »ist die Zeit der letzten Menschen gekommen. Sie wissen nicht mehr, wie man einen tanzenden Stern gebiert. Sie haben wohl ein Lüstchen für die Nacht und ein Lüstchen für den Tag. Sie ehren die Gesundheit und behaupten, das Glück erfunden zu haben«, hier warf er einen verächtlichen Blick auf Mill, Smith und die Anzugträger, »aber sie sind klein geworden – klein wie Erdflöhe. Denn«, er erhob sein Haupt, und eine leuchtende Aureole umgab ihn, »sie haben kein Chaos mehr in sich!«

»Gut gesprochen«, donnerte GOTT. »Und was ist zu tun?«

»Maestro«, sprach Nietzsche, »ich habe Sie zwar für tot erklärt, aber das galt nur für das, was dieser elende Pöbel aus Ihnen gemacht hat. Darum habe ich mich erkühnt, meinen eigenen Propheten zu erfinden: Zarathustra. Schicken Sie ihn – ihn, den Propheten des Gottes, der zu tanzen versteht. Schicken Sie ihn, auf dass er den Menschen gibt, was sie brauchen; auf dass er den Sinn für den Sinn neu in ihnen entfacht! Denn eines tut not, Maestro: Lehren wir sie ... tanzen!«

Ein Raunen ging durch die Versammlung. Welch unerhörte Rede! Und da war keiner, der nicht gebannt zum Thron geblickt hätte.

Gott schaute nachdenklich, doch dann hub er an, in die Hände zu klatschen. Und die Herrlichkeit der Himmel leuchtete um ihn. Er klatschte und klatschte. Der ortlose Ort bebte, die Philosophen warfen die Käppis in die Höhe – und Nietzsche lachte.

Und dabei wäre es wohl geblieben, wenn nicht, ja wenn nicht zwei betagte Greise den allgemeinen Tumult genutzt hätten, um sich unbemerkt vor den göttlichen Thron zu schleichen. Da standen sie nun – mit ihren langen, weißen Bärten in altertümlich anmutender Gewandung. Was aber das Befremdlichste war: Sie standen dort und hielten Händchen.

Als die Herren Denker nach und nach der wunderlichen Erscheinung gewahr wurden, hielten sie inne und zogen sich auf ihre Plätze zurück – gespannt, welche Sensation sich nun zutragen werde. Auch das göttliche Klatschen verhallte. Der Ewige beugte sich vor, maß die würdigen Alten mit einem achtsamen Blick, runzelte die Stirn und ließ sich wie folgt vernehmen: »Sokrates, Platon – was habt ihr zu sagen? Hat euch nicht gefallen, was der junge Mann über das Chaos und den Tanz …«

»Durchaus, durchaus«, fiel ihm Sokrates ins Wort, »das war ganz in meinem Sinne! Oh, wie ich den Tanz liebe! Komm, mein lieber Platon, lass uns ein Tänzchen wagen!« Und er legte die Linke auf seines Freundes Schulter, schnippte mit den Fingern, wiegte seine Hüfte und begann: »Badan, badan, badadadan ...«

Und nun hätte er wohl wirklich den Sirtaki zu tanzen begonnen, wenn nicht Platon ihn in die Rippen gestoßen hätte: »Meister, du wolltest etwas fragen!«

»Richtig«, fiel es Sokrates ein, »mein lieber Zeus, da war eine winzige Frage, die ich nicht unterdrücken kann. Darf ich sie stellen? Bitte!«

GOTT, der diese Anrede lange nicht mehr vernommen hatte, lächelte freudig in sich hinein und winkte dem Sokrates sein Einverständnis zu.

»Sag, mein Freund«, hub dieser an, »dünkt nicht auch dir, dass hier etwas fehlt?«

»Etwas fehlt?«, der EWIGE blickte ratlos in die Runde. Allgemeines Achselzucken. Sokrates galt als Nervensäge. – »Ja, was soll denn fehlen?«, fragte er schließlich.

»Hast du nicht einst die Welt geschaffen?«, erwiderte Sokrates.

»Aber gewiss doch.«

»Und nicht nur die Welt als solche, sondern auch alles, was darin kreucht und fleucht?«

»Na sicher!«

»Also auch die Menschen, oder?«

»Sokrates, komm zur Sache! Wir wollen dich nicht noch einmal wegen Gotteslästerung strafen.« Der EWIGE schien genervt.

Sokrates ließ sich davon nicht beirren: »Und, sag mir, mein Freund: Als was schufst du den Menschen?«

»Zu meinem Bilde schuf ich ihn.«

»Selbstredend, aber da war doch noch was: Du schufst ihn als Mann und ..., na?«

»... als Frau!«

»Richtig!« Sokrates hüpfte in die Höhe und drehte sich einmal im Kreis. »Und was fehlt hier also?«

»Eine Frau?« Gott kratzte sich am Bart.

»Genau dies«, fiel nun Platon ein, »und eben deswegen rufe ich nun meine liebe Freundin Diotima in unsere Mitte, denn so viel ist gewiss, meine verehrten Herren, die ihr – mit Verlaub – ja ohnehin nichts anderes seid als – ähäm – Fußnoten zu meinen Werken (Platon galt als ein bisschen arrogant); so viel also ist gewiss, dass ihr allein aus ihrem Munde hören werdet, was es ist, das wir den Menschen geben müssen. So wahr mein Freund Nietzsche – ach, hätte er doch nur erkannt, dass er mein Freund und nicht mein Rivale ist. Aber das ist nun wieder eine andere Geschichte ...« Er schien jetzt richtig in Fahrt zu kommen: »So wahr also mein junger Freund hier gesprochen hat, so versäumte er doch zu sagen, was es braucht, damit der Tanz des Menschen auch gelinge. Und eben das wird euch diese hier verkünden.«

Kaum dass er so gesprochen hatte, stand auch schon zu seiner Seite eine ehrwürdige Dame, deren milde Schönheit und liebliche Aura so manchen der knöchernen Denker im Innersten erwärmten.

GOTT lehnte sich zufrieden zurück, lächelte ihr ermutigend zu und sprach: »Nun, Diotima, es heißt, du habest die Weisheit, uns zu sagen, was den Menschen fehlt, auf dass sie den Sinn für den Sinn zurückgewinnen. Es heißt, deine Weisheit gehe noch über die unseres jungen Nietzsche hinaus, der uns empfahl, die Menschen tanzen zu lehren. Es heißt, du habest Besseres und Schöneres zu sagen als neue Gebote und Imperative. Es heißt, du kenntest das Gegengift gegen den niederen Sinn von Handel und Kommerz? – Wohlan, so rede!«

Was nun geschah, ward lange nicht gesehen im Himmel. Und es gilt als gewiss, dass bis in alle Ewigkeit davon erzählt werden wird: Diotima lächelte. Ihr Lächeln durchdrang das Universum bis in seine letzte Ritze. Und dann sagte sie nur ein Wort, doch es klang zugleich in allen Sprachen: »Eros, Amor, Love, Amore, Liebe ...«

Und GOTT? GOTT erhob sich, GOTT verneigte sich, GOTT schritt die Stufen von seinem Thron hinunter zu ihr, GOTT küsste sie und schüttelte den beiden Greisen die Hand. »So sei es!«, sagte er nur. Und Sokrates tanzte.

Der Rest ist rasch erzählt. GOTT nahm wieder Platz auf seinem Thron und verkündete seinen Ratschluss. Zunächst wandte er sich dabei an die würdigen Weisen aus Griechenland: »Wohlan, meine Freunde, weil ihr es wart, die ihr die ewige Wahrheit herbeirieft, so wollen wir eure alten Götter in Dienst nehmen, auf dass sie den Menschen unsere Gaben bringen. Als Erstes rufe ich den Hermes. Er kennt sich aus in der Menschenwelt. Ist doch der Handel sein Geschäft. Doch soll er nur der Führer sein. Die Türen soll er drunten öffnen. Vor allem meinem guten Apollon. Seine Aufgabe als Gott der Heilkunst und der Harmonie wird es sein, die Menschen wissen zu lassen, worin der Sinn des Lebens liegt. Sodann braucht es meinen alten Freund Dionysos. Denn er allein weiß zu tanzen. Und so soll er die Menschen lehren, wie sie das Chaos in sich pflegen und ihre berauschte Seele tanzen lassen. Zuletzt soll ihnen noch die Liebste folgen, die goldene Aphrodite. Damit die Liebe und die Schönheit das Eis in der Menschen Herzen schmelzen. Denn was das Leben sinnvoll macht, das sieht der Mensch nur mit dem Herzen.« Nachdem er so gesprochen, hielt GOTT inne. Er sah glücklich aus. »Die Sitzung ist beendet. Ich danke euch, ihr Denker!«, ließ er sich noch vernehmen, bevor er sich in die stille Gesellschaft der östlichen Weisen zurückzog.

Zu uns aber kamen die alten Götter und wandelten auf Erden. Was sie den Menschen bringen sollten, war der Sinneswandel.

Von der Sinnfinsternis der Gegenwart,
dem Licht in einem bayrischen Gehöft
und der Sokratischen Sorge
um die Seele

Nicht denken ist auch keine Lösung

Man denkt ja immer, die Philosophie sei eine fruchtlose Kunst. Ein Zeitvertreib für bildungsbeflissene Bürger ohne Relevanz für das tägliche Leben – betrieben von blutarmen Akademikern, die in ihren Elfenbeintürmen zu Wolkenkuckucksheim mit fast manischer Beharrlichkeit ihren Glasperlenspielen nachgehen: wunderlichen Männern (an Frauen denkt man dabei eher selten), die ganz wie ihr antiker Ahnherr Thales von Milet dazu neigen, so in ihren Gedankenwelten entrückt zu sein, dass sie die Bodenhaftung verlieren. Von jenem Thales nämlich erzählte man schon in der Antike, er sei einst so in Betrachtung des gestirnten Himmels über ihm versunken gewesen, dass er den Brunnenschacht vor seinen Füßen nicht bemerkte und prompt hineinstürzte. Weiter erzählt die Legende, dass eine »witzige und reizende thrakische Magd« dem Vorfall beigewohnt habe und in herzhaftes Gelächter ausgebrochen sei, da sie den weisen Mann durchnässt gefunden. Und verspottet soll sie ihn haben mit den Worten, er sei wohl »begierig, die Dinge am Himmel kennenzulernen, habe aber keine Ahnung von dem, was hinter ihm sei und zu seinen Füßen liege«.

Wie dem auch sei: Seit das Lachen der thrakischen Magd erschallte, ist der weltabgewandte Philosoph zu einem festen Typus der westlichen Kulturgeschichte geworden. Und das nicht einmal zu Unrecht. Denn von Diogenes in der Tonne bis zu Heidegger in der Schwarzwaldhütte fehlte es nicht an leicht skurrilen Gestalten, in denen sich Kauzigkeit und blendende Intelligenz zu eigentümlichen Konstellationen verbanden. Für Thales allerdings traf das gar nicht zu. Im Gegenteil. Er war äußerst geschäftstüchtig, wie eine Anekdote erzählt: »Als man ihm nämlich wegen seiner Armut Vorhaltungen machte, als ob die Philosophie zu nichts nütze sei, da soll er, nachdem er aufgrund seiner astronomischen Studien bemerkt hatte, dass die Olivenernte reichlich ausfallen würde, noch im Winter mit dem wenigen Geld, das ihm zur Verfügung stand, als Handgeld sämtliche Ölpressen in Milet und Chios für einen geringen Preis gemietet haben, und dabei habe ihn niemand überboten. Als aber die Zeit der Ernte kam, und mit einem Mal und gleichzeitig viele Ölpressen verlangt wurden, da habe er seine Pressen so teuer vermietet, wie er nur wollte, und dadurch viel Geld verdient.«

Nun, gemessen an den Maßstäben einer Zeit – unserer Zeit –, die Sinn und Nutzen einer Sache allein nach ihrem Geldwert zu schätzen vermag, waren die naturphilosophischen Studien des Thales offenbar keineswegs fruchtlos. Und ich wage zu behaupten: nicht nur sie. Im Ernst, ich wage – komische Käuze hin oder her – zu behaupten: Philosophie ist ein äußerst nützliches Geschäft; mehr noch, sie ist ein wertvolles und sinnvolles Unterfangen, heute mehr denn je. Was Sie in Händen halten, ist geschrieben, um den Beweis dafür anzutreten: dass ein leidenschaftliches und mutiges Philosophieren für ein gelingendes Leben auf Erden absolut notwendig ist.

Eine steile These, finden Sie? Aber klar doch. Und ich bin mir wohl bewusst, dass ich Ihnen und mir einiges zumute, wenn ich sie Ihnen ans Herz legen möchte. Aber glauben Sie mir, es geschieht um Ihretwillen, um unser aller willen. Denn die Zeit braucht denkende Menschen. Sie braucht Menschen, die den Mut haben, das zu tun, was laut Heidegger und Sokrates das Kerngeschäft des Philosophierens ist: das Selbstverständliche in Frage zu stellen; unsere Denkmuster zu knacken; unsere Weltsicht zu erschüttern; unsere oft leeren Begriffshülsen zu entsorgen; den geistigen Müll rauszubringen, der sich in unser aller Köpfen über die Jahre und Jahrhunderte angesammelt hat.

Wir brauchen eine geistige Entgiftungskur, denn es könnte ja sein, dass die vielfältigen Krisensymptome unserer Gegenwart etwas damit zu tun haben, dass unser Denken intoxiniert ist – dass wir Begriffen, Konzepten, Strukturen, Ideen anhaften, die uns den Blick auf uns selbst, das Leben, die Welt und (gerne auch) auf Gott trüben und verschatten; und dass wir deswegen unser Denken neu durchdenken müssen. Nicht denken ist auch keine Lösung – auch wenn es manchmal verführerisch scheint, sich ganz der gedankenlosen Stille der östlichen Weisheitslehren zu überlassen.

Womit nichts gegen diese gesagt sein soll, sondern nur eine ganze Menge für das so gar nicht gedankenlose Projekt der Philosophie. Im Ernst: Wir sind heute gut beraten, unser Denken zu durchdenken. Wir sind gut beraten, der Philosophie einen Ort in unserem Leben zu geben, weil sie uns tatsächlich zu heilen vermag – zu heilen von dem Irrsinn, der auf Erden wütet. Und dabei denke ich nicht einmal so sehr an solche Phänomene wie die maßlos heißlaufende Finanzwirtschaft, die mannigfaltigen ökologischen Katastrophen oder den durch nichts zu rechtfertigenden Hunger in der Welt. Ich rede von der Leere und Verzweiflung, die unser Lebensstil in immer mehr Menschen hinterlässt. Sie wissen nicht, was ich meine? Dann lassen Sie mich deutlicher werden.

Sinnfinsternis

Ich möchte mit einem Zitat beginnen. Es handelt sich um die Ankündigung zu einem Themenabend auf ARTE: »Depression ist in den Industriestaaten mittlerweile die Volkskrankheit Nummer eins. Mehr als fünf Prozent der Bevölkerung sind akut betroffen. Und jeder fünfte Mensch wird einmal in seinem Leben depressiv. Trotzdem wird die Krankheit immer noch tabuisiert und unterschätzt. Die Weltgesundheitsorganisation WHO geht davon aus, dass Depressionen nach Herz-Kreislauf-Erkrankungen bereits im Jahr 2020 weltweit zu den zweithäufigsten Krankheiten gehören werden. Ein weiterer dramatischer Befund besagt, dass ungefähr zwei- bis dreimal so viele Frauen wie Männer an Depressionen erkranken.«

Dramatisch, fürwahr. Oder wie geht es Ihnen, wenn Sie lesen: »Vier Millionen Deutsche leiden an einer Depression. Vielen Betroffenen erscheint das Leben sinnlos, nichts bereitet ihnen Freude.« Und wenn wir den Demoskopen und Gesundheitswissenschaftlern Glauben schenken, ist das nur die Spitze des Eisbergs. So drängt sich der Eindruck auf, die Seuche unserer Zeit heiße *Sinnverlust*. Die Menschen wissen nicht mehr, was der Sinn ihres Lebens ist. Sie haben den Sinn für den Sinn verloren. Oft haben sie alles, was man zu einem angenehmen Leben braucht, die wenigsten (hierzulande, wohlgemerkt) leiden materielle Not, und doch hat sich in ihren Seelen ein Gefühl des Ungenügens eingenistet. Sie sind nicht glücklich. Wie in einem Hamsterrad rennen sie unaufhaltsam durch ihr Leben, ohne dabei je von der Stelle zu kommen. Sie konsumieren und kaufen, suchen Zerstreuung und Unterhaltung und klagen doch über Stress, fehlende Zeit, innere Erschöpfung. Vor allem die Arbeit scheint ein unversieglicher Quell von Unbehagen und Niedergeschlagenheit zu sein. Nach Belegen dafür muss man nicht lange suchen. Ende 2010 ergab eine Studie, dass die meisten Menschen in Deutschland mit ihrem Arbeitsplatz unzufrieden sind: Eine Mehrheit von 52 Prozent beschrieben ihre Arbeitsbedingungen als mittelmäßig, nur 15 Prozent empfanden ihren Job als nicht belastend. Wenn das nicht alarmierend ist, weiß ich auch nicht.

Es scheint, als habe eine große Verunsicherung die Menschen ergriffen. Sie fragen sich, was das Ganze soll. Aber da ist niemand, der ihnen Antworten gibt. Sie schalten den Fernseher an, doch da hören sie von Gewalt und Verbrechen, von Korruption und Intrige. Oder sie sehen Politiker, die sich mächtig wähnen, in Wahrheit aber Sklaven eines Wirtschaftssystems sind, das sie ohnmächtig vor sich her treibt. Manche Menschen suchen Zuflucht in den Kirchen, aber dort speist man sie allzu oft mit moralischen Ansprachen und theologischen Theorien ab, die keiner mehr versteht. Andere gehen auf Reisen, bevölkern Wellness-Hotels, buchen Events, doch wenn sie wieder daheim sind, fühlt sich ihr Leben genauso grau und fad an wie zuvor. Sie sparen, ohne zu wissen worauf. Sie geben Geld aus, ohne zu wissen wofür. Sie zahlen Millionen für ihr Gesundheitswesen und werden doch immer kränker. Und warum? Weil eine Sinnverfinsterung eingetreten ist. Weil wir den Zugang zur Dimension des Sinns verloren haben. Weil, wie der englische Philosoph Terry Eagleton treffend schreibt, eine »Sinnfinsternis« über dem Lande liegt.

Die Diagnose ist freilich nicht neu, was sie nicht weniger erschütternd macht. Schon in den fünfziger Jahren spürten wache Zeitgeist-Analysten, welches Stündlein geschlagen hatte. Paul Tillich, der große Theologe, war einer von ihnen. In einem denkwürdigen Essay von 1958 (!) schrieb er, was an uns Heutige adressiert sein könnte:

»Das entscheidende Element in der gegenwärtigen Situation des westlichen Menschen ist der Verlust der Dimension der Tiefe«, und er erläutert, »›Tiefe‹ ist eine räumliche Metapher – was bedeutet sie, wenn man sie auf das Leben des Menschen anwendet und sagt, dass sie ihm verloren gegangen sei?« Und jetzt kommt's: »Es bedeutet, dass der Mensch die Frage nach dem Sinn seines Lebens verloren hat, die Frage danach, woher er kommt, wohin er geht, was er tun und was er aus sich machen soll in der kurzen Spanne zwischen Geburt und Tod. Diese Fragen finden keine Antwort mehr, ja, sie werden nicht einmal mehr gestellt, wenn die Dimension der Tiefe verlorengegangen ist. Und genau das hat sich in unserer Zeit ereignet.«

Wenn das stimmt – und ich bitte Sie, das zumindest als eine bedenkenswerte These anzuerkennen –, dann könnte es eine dringende Aufgabe unserer Zeit sein, den *Sinn für den Sinn* neu zu wecken, wachzukitzeln und auszubilden; den Blick neu zu schärfen für das, was dem Leben Orientierung und Halt gibt. Denn ohne das wird sich nichts ändern. Ohne das wird es so weitergehen wie bisher. Wir werden ziel- und planlos durch die Zeit segeln – auf einem Schiff, das von Leuten gelenkt wird, die nicht zu navigieren verstehen. Weil wir verlernt haben, zu den Sternen aufzublicken. Geschweige denn, nach ihnen zu greifen.

Vielleicht kommt Ihnen das alles etwas dick aufgetragen vor. Okay, ich gestehe, dass ich zuweilen zum Pathos neige. Aber sehen Sie es mir nach. Denn es geht wirklich ums Ganze. Es geht darum, Hand an die Wurzeln unseres Denkens zu legen, weil dieses Denken eine Welt hervorgebracht hat und befeuert, die uns krank macht. Und weil dem nur Einhalt geboten werden kann, wenn wir dieses Denken bloßstellen und entmachten; wenn wir es durch ein anderes, besseres Denken ersetzen – ein Denken, das uns die Augen für den Sinn des Lebens öffnet, und das uns, indem es dies tut, die innere Kraft zufließen lässt, »Ja« zu sagen. »Ja«, auch wenn so vieles aus dem Ruder läuft. »Ja«, weil wir eine Ahnung davon haben, was Leben sein kann, was es tatsächlich ist, worin sein unendlicher, zeitloser Sinn liegt. Ihn zu entdecken, würde ein neues Denken beflügeln. Denn Sinn ist die kostbarste Ressource, die uns zu Gebote steht – viel kostbarer als Gold, Öl, Uran oder Erz. Sie zweifeln? Dann lassen Sie mich einen Kronzeugen herbeirufen; einen, der wie wenige sonst die lebensnotwendige Bedeutung des Sinns erkannt hat – und das nicht allein aus grauer Theorie, sondern, ganz im Gegenteil, aus grauenhafter Erfahrung. Die Rede ist von Viktor Frankl.

Ein sieghaftes »Ja!«

Falls Sie Viktor Frankl nicht kennen, lassen Sie mich ihn kurz vorstellen. Er war nicht im engeren Sinne Philosoph, sondern Arzt. Seine Fachgebiete waren die Neurologie und die Psychiatrie. Und auf diesem Wege kam er zur Psychotherapie, in der er eine neue und einflussreiche Richtung einführte: die Logotherapie. Geboren wurde Frankl am 26. März 1905 als Sohn einer jüdischen Beamtenfamilie. Von Jugend auf galt sein Interesse der Psychologie, wobei ihn besonders Themen wie Depression und Suizid beschäftigten. Er legte eine medizinische Bilderbuchkarriere hin, die es ihm erlaubte, trotz erheblicher Einschränkungen wegen seiner jüdischen Herkunft bis 1942 als Arzt tätig zu sein. Doch dann schlugen die Nazis zu. Über die dunkelsten Jahre seines Lebens informiert die Online-Enzyklopädie Wikipedia wie folgt: »Als Juden wurden er, seine Frau und seine Eltern am 25. September 1942 ins Ghetto Theresienstadt deportiert. Sein Vater starb dort 1943, seine Mutter wurde in der Gaskammer von Auschwitz ermordet, seine Frau starb im KZ Bergen-Belsen. Frankl wurde am 19. Oktober 1944 von Theresienstadt nach Auschwitz gebracht und einige Tage später in das KZ-Kommando Kaufering VI (Türkheim), ein Außenlager des KZ Dachau, transportiert. Am 27. April 1945 wurde er in Türkheim von der US-Armee befreit.«

Seine Erfahrungen und Deutungen des Lebens im Konzentrationslager hat Frankl später in dem Buch *... trotzdem Ja zum Leben sagen* niedergeschrieben. Und in ebendiesem Buch stellte er auf eindrückliche Weise dar, wie es allein das Wissen um den Sinn des Lebens war, das ihn das Grauen überleben ließ. In einem Abschnitt, der überschrieben ist mit »Nach dem Sinn des Lebens fragen«, schreibt Frankl: »Wer ein Warum zu leben hat, erträgt fast jedes Wie.« Das ist ein Zitat von Nietzsche, das Frankl seinen Gedanken voranstellt. Dann fährt er fort: »Man musste also den Lagerinsassen, sofern sich hie und da einmal die Gelegenheit hierzu bot, das ›Warum‹ ihres Lebens, ihr Lebensziel bewusst machen, um so zu erreichen, dass sie auch dem furchtbaren ›Wie‹ des gegenwärtigen Daseins, den Schrecken des Lagerlebens, innerlich gewachsen waren und standhalten konnten. Umgekehrt: wehe dem, der kein Lebensziel mehr vor sich sah, der keinen Lebensinhalt mehr hatte, in seinem Leben keinen Zweck erblickte, dem der Sinn seines Daseins entschwand – und damit jedweder Sinn eines Durchhaltens.« Und an anderer Stelle resümiert er: »Es war allein der Wille zum Sinn, was sie [die Lagerüberlebenden] letzten Endes am Leben gehalten hatte.« Worin sich für Frankl ein Wort Albert Einsteins bewahrheitete, der einst sagte: »Wer sein eigenes Leben als sinnlos empfindet, der ist nicht nur unglücklich, sondern auch kaum lebensfähig.«

Aber was ist das für ein Sinn, von dem Frankl hier spricht? Was ist das für ein Sinn, den zu wollen seiner Erfahrung nach die kostbarste Energieressource ist, die den Menschen im Konzentrationslager das Überleben ermöglichte? Nun, die Antwort, die Frankl auf diese Frage anbietet, ist ganz einfach – erschütternd einfach. Sie leuchtet auf in einer bewegenden Szene aus seiner Zeit in Dachau:

»Du stehst im Graben bei der Arbeit; grau ist die Morgendämmerung um dich, grau ist der Himmel über dir, grau ist der Schnee im fahlen Dämmerlicht, grau sind die Lumpen, in die deine Kameraden gehüllt sind, grau sind ihre Gesichter. Wieder hebst du an mit deiner Zwiesprache mit dem geliebten Wesen, oder, zum tausendsten Mal, beginnst du dein Klagen und dein Fragen zum Himmel zu schicken. Zum tausendsten Mal ringst du um den Sinn deines Leidens, deines Opfers – um den Sinn deines langsamen Sterbens. In einem letzten Aufbäumen gegen die Trostlosigkeit eines Todes, der vor dir ist, fühlst du deinen Geist das Grau, das dich umgibt, durchstoßen, und in diesem letzten Aufbäumen fühlst du, wie dein Geist über diese ganze trostlose und sinnlose Welt hinausdringt und auf deine letzten Fragen um einen letzten Sinn zuletzt von irgendwoher dir ein sieghaftes ›Ja!‹ entgegenjubelt. Und in diesem Augenblick – leuchtet ein Licht auf in einem fernen Fenster eines Bauerngehöfts, das wie eine Kulisse am Horizont steht, inmitten des trostlosen Grau eines dämmernden bayrischen Morgens.«

»... von irgendwoher dir ein sieghaftes ›Ja!‹ entgegenjubelt« – was für ein Satz! Erlebt und aufgezeichnet von einem KZ-Häftling. Inmitten der grausten und gräulichsten Situation, die sich nur denken lässt. Ein »sieghaftes ›Ja!‹«: Das ist das Ereignis des Sinns. Es ist ein Ereignis, das uns trotzdem »Ja!« zum Leben sagen lässt. Das Ereignis eines Sinns, der einen Menschen nach Frankls Erfahrung auch unter widrigsten Umständen am Leben hält, ihn durchs Leben trägt – ein Ereignis, dessen Ausbleiben jedoch der Anfang vom Ende ist. »Sobald menschliches Dasein nicht mehr über sich selbst hinausweist, wird Am-Leben-Bleiben sinnlos, ja unmöglich«, resümiert er Jahre danach. Weil dann das »sieghafte ›Ja!‹« ausbleibt und die große Leere eines »existenziellen Vakuums« den Menschen erdrückt, wie er das später nannte. Leuchtet uns von nirgends – aus keinem fernen Gehöft – mehr ein »Ja!«

entgegen, dann breitet sich Sinnfinsternis über das Land. Dann keimen Resignation und Depression in den Herzen der Menschen.

Es war zweifellos diese Erfahrung, die Viktor Frankl für die psychosoziale Situation der modernen westlichen Welt besonders sensibilisierte. »Wir leben im Zeitalter eines um sich greifenden Sinnlosigkeitsgefühls«, diagnostizierte er in den 1970er Jahren die nordamerikanische und europäische Kultur. Und er führte diesen durchaus pathologischen Befund darauf zurück, dass diese Kultur nicht mehr über sich selbst hinausweist, weil sie von allem mehr als genug hat: »Wir leben in einer Gesellschaft des Überflusses, aber dieser Überfluss ist nicht nur ein Überfluss an materiellen Gütern, er ist auch ein Informationsüberfluss, eine Informationsexplosion. Immer mehr Bücher und Zeitschriften stapeln sich auf unseren Schreibtischen. [Seufz, wie wahr!] Wir werden von Reizen, nicht nur sexuellen, überflutet. Wenn der Mensch in dieser Reizüberflutung durch die Massenmedien bestehen will, muss er wissen, was wichtig ist und was nicht, was wesentlich ist und was nicht, mit einem Wort: was Sinn hat und was nicht.«

So steht es da – und damals gab es noch nicht einmal das Internet! Umso erschütternder scheint mir, wie aktuell und zeitgemäß Frankls Diagnose klingt. Denn sind die eingangs beschriebenen Signaturen der Gegenwart nicht tatsächlich Symptome dessen, was Tillich als »Verlust der Dimension der Tiefe« und Frankl als »existenzielles Vakuum« bzw. »abgründiges Sinnlosigkeitsgefühl« beschrieb?

Gibt es nicht allen Grund zu der Annahme, dass die von Frankl beobachtete »bedingungslose Sinnträchtigkeit des Lebens« in unserer oberflächlichen Hochglanzwelt mehr und mehr ins Leere geht; dass unsere Sinnsuche gleichsam abperlt an den blankpolierten Fassaden und Profilen eines virtuell inszenierten Lebens? Wie dem auch sei. Frankl sah das so, und weil er inmitten des ultimativen Grauens des Konzentrationslagers entdeckt hatte, dass allein das Bewusstsein für einen wie auch immer gearteten Lebenssinn die Häftlinge am Leben hielt, zog er den naheliegenden Schluss, dass es eben dieser Sinn für den Sinn ist, der den Menschen der Moderne wieder erschlossen werden muss, wenn das »abgründige Sinnlosigkeitsgefühl« nicht das letzte Wort haben soll.

So entwickelte Frankl in der Nachkriegszeit die Logotherapie: ein therapeutisches Verfahren, bei dem es um nichts anderes geht, als Menschen verschüttete Sinnperspektiven wieder freizulegen. Sie bestimmte fortan Viktor Frankls Denken, denn er war überzeugt, sie könne das »existenzielle Vakuum« der Menschen durch Sinn und Freude auffüllen. Diese Grundannahme beschreibt er wie folgt: »Der Mensch ist ein Wesen auf der Suche nach einem Sinn, nach dem Logos, und dem Menschen Beistand zu leisten in der Sinnfindung ist *eine* Aufgabe der *Psycho*therapie – ist *die* Aufgabe einer *Logo*therapie.« Dabei betont er: »Kein Psychiater, kein Psychotherapeut – auch kein Logotherapeut – kann einem Kranken sagen, was der Sinn ist, sehr wohl aber, dass das Leben einen Sinn hat, ja mehr als dies: dass es diesen Sinn auch behält, unter allen

Bedingungen und Umständen, und zwar dank der Möglichkeit, noch im Leiden einen Sinn zu finden.« Und noch im Leiden dieses »sieghafte ›Ja!‹« zu finden, das unserem Dasein Grund und Boden gibt.

»Zu finden«, das ist wichtig. Frankl war der festen Überzeugung, dass es unmöglich ist, aus eigener Kraft seinem Leben einen Sinn zu geben. So sagt er ja auch, »von irgendwoher« habe ihm das »Ja!« entgegengejubelt. Es traf ihn, kam über ihn, überwältigte ihn beinahe. Das Ereignis des Sinns hatte sich ihm weder als Einsicht infolge einer Argumentationskette erschlossen, noch hatte er es durch irgendeine Kunstfertigkeit und Methode erzeugt. Nein, ganz im Gegenteil: Es war plötzlich da, stand plötzlich vor ihm, enthüllte sich seinem Sinn im dämmernden bayrischen Morgen.

Das ist bemerkenswert, denn es steht in scharfem Kontrast zu fast allem, was Sie in der zeitgenössischen Philosophie zum Thema »Sinn« finden. Unisono wird man Ihnen dort versichern – meist unter Berufung auf Friedrich Nietzsche –, Sinn könne keineswegs *ge*funden werden. Denn unweigerlich werde er von uns Menschen *er*funden. Und es sei nicht mehr und nicht weniger als eine Selbsttäuschung, wenn wir uns einredeten, so etwas wie Sinn könne uns »von irgendwoher« dann auch noch »entgegenjubeln«. Dieses Woher sei vielmehr unsere eigene Kreativität, die uns hinterrücks einen objektiv vorhandenen Sinn vorgaukele, wo doch in Wahrheit nichts anderes erscheine als ein subjektives Sinnkonstrukt unseres Geistes.

Nein, Frankl sieht das ganz anders. Er schreibt: »*Sinn muss gefunden, kann aber nicht erzeugt werden.* Was sich erzeugen lässt, ist entweder subjektiver Sinn, ein bloßes Sinngefühl, oder – Unsinn. Und so ist es denn auch verständlich, dass der Mensch, der nicht mehr imstande ist, in seinem Leben Sinn zu finden, ebensowenig aber auch ihn zu erfinden, auf der Flucht vor dem Sinnlosigkeitsgefühl entweder Unsinn oder subjektiven Sinn erzeugt.« Und im gleichen Zusammenhang sagt er noch einmal deutlich: »Sinn kann nicht gegeben, sondern muss gefunden werden« – wobei er es nicht unterlässt zu versichern, dass er auch wirklich gefunden werden *kann*. Weil Sinn seiner Erfahrung nach tatsächlich etwas Objektives ist, das einfach nur gesehen, wahrgenommen, erkannt werden muss, um uns das »sieghafte ›Ja!‹« auf die Lippen zu treiben. Weil, wie er sagt, Sinnwahrnehmung nichts anderes ist als die »Entdeckung einer Möglichkeit vor dem Hintergrund der Wirklichkeit«, wobei diese Möglichkeit jeweils einmalig und vergänglich ist, der in ihr erschlossene Sinn jedoch als »ein für alle Mal« gültig ins Bewusstsein tritt.

Dieser Gedanke ist, zugegeben, nicht leicht zu verstehen, und wir werden noch eine gemeinsame Wegstrecke gehen müssen, bis ich ihn Ihnen – hoffentlich – etwas nähergebracht habe. Mir ist es aber wichtig, schon jetzt die Richtung anzudeuten, die unser Philosophieren nehmen soll: Wenn wir nach einem Konzept von Sinn im Allgemeinen und nach dem Sinn des Lebens – unseres Lebens – im Besonderen fragen, dann geht es darum, eine

Antwort auf die Frage zu finden, was uns dieses vorbehaltlose »Ja!« zum Leben aussprechen lässt, von dem Viktor Frankl berichtet. Dann geht es darum zu verstehen, was es mit diesem Ereignis von Sinn auf sich hat, das wir nicht machen und erzwingen können, sondern das uns – bestenfalls – wie ein Licht in der Dunkelheit entgegenjubelt, auf uns zukommt. Denn nur wenn wir dem Geheimnis dieses Ereignisses von Sinn auf die Schliche kommen, haben wir die Chance, eine Deutung von Sinn formulieren zu können, die tatsächlich trägt; die auch dann trägt, wenn Sinnlosigkeit und Grauen unsere Umgebung erfüllen, so wie Frankl es erleben und erleiden musste. Gerade deshalb ist es für uns überaus aufregend zu erfahren, dass Viktor Frankl – der das Leben inmitten der totalen Sinnlosigkeit erlebt und reflektiert hat – sagt: Sinn ist etwas, das *gefunden* werden muss und nicht *erfunden* werden kann. Sinn gibt es, und es liegt an uns, diesen Sinn auf uns wirken zu lassen. Nur – genau das fällt uns Menschen des 21. Jahrhunderts so wahnsinnig schwer. Warum eigentlich?

Die Frömmigkeit des Denkens

Fragen wie diese sind eine Sternstunde der Philosophie, nichts tut sie lieber, als Fragen zu stellen. Im Fragen ist sie ganz bei sich. Zumindest verstehe ich sie so und berufe mich dabei auf Martin Heidegger, der einmal sagte, das Fragen sei »die Frömmigkeit des Denkens«. Ah, ich liebe dieses Wort und möchte deshalb mit Ihnen jetzt einmal so richtig fromm tun, indem ich frage: Ja, was ist eigentlich los in unserer Welt? Wieso diese Sinnfinsternis? Warum haben wir die Dimension der Tiefe verloren? Wieso tappen so viele Menschen im Dunkeln, wenn die kostbare Ressource Sinn ihnen doch eigentlich verfügbar ist? Was hindert die Menschen daran, sie anzuzapfen und Sinn in ihrem Leben aufleuchten zu lassen?

Auch hierzu habe ich eine These, die ich Ihnen nicht vorenthalten möchte: Ich glaube, eine große Schwierigkeit besteht darin, dass sich in unser aller Köpfen Sinnerwartungen und Sinnkonzepte festgesetzt haben, die unsere Sinnsuche in eine falsche Richtung lenken. Mir scheint, die Sinnfinsternis ist allem voran eine Folge unserer europäischen Ideengeschichte. Ja, ich wäre versucht zu sagen, die Philosophen haben es verbockt. Und eben deshalb stehen sie in der Pflicht, den Karren aus dem Dreck zu ziehen. Wie ich das meine? Schauen wir mal.

Zunächst sollten wir uns kurz darüber verständigen, dass wir heute, zu Beginn des 21. Jahrhunderts, auf eine lange und verschlungene »Geistesgeschichte« zurückblicken, in der so ziemlich jeder Gedanke schon einmal gedacht wurde. Denn über eines müssen Sie sich im Klaren sein: Nichts, was Sie denken, ist selbstverständlich. Nichts. Jeder Gedanke hat eine Geschichte. Jeder Begriff ist aufgeladen mit Bedeutungen und Theorien, die frühere Denker darüber angestellt haben. Und all diese Deutungen und Sichtweisen schwingen mit, wenn wir einen Gedanken denken oder einen Begriff aussprechen. Nehmen wir – naheliegenderweise – den Begriff »Sinn«, ein Konzept, das alles Mögliche bedeuten kann. Und das in tausenderlei Weise gedeutet wurde – und missdeutet wurde, wie ich hinzufügen möchte. Wenn ich, Sie oder sonst jemand heute über Sinn philosophiert, dann sollten wir uns dessen bewusst sein, dass Tausende andere dabei mit von der Partie sind, ein ganzer Rat von Denkern, deren Theorien und Gedanken über den Sinn mit im Raume schwingen; weil wir in deren »Wirkungsgeschichte« und damit unter ihrem Einfluss stehen, ob wir wollen oder nicht, wie der Philosoph Hans-Georg Gadamer in seiner *Philosophischen Hermeneutik* dargestellt hat. Wir tun es einfach. Und zwar unbewusst.

Und da liegt das Problem. Denn auf diese Weise läuft unser Denken Gefahr, kontaminiert zu werden – vergiftet durch Missverständnisse, Fehldeutungen, Abwege, Holzwege, Irrwege –, weil wir, um bei unserem Thema zu bleiben, Sinn oft so verstehen, wie ihn einige Vordenker der Vergangenheit deuteten, deren Sichtweise sich durchgesetzt hat. Das bedeutet jedoch nicht zwangsläufig, dass sie hilfreich oder wahr ist – und dass sie uns dazu befähigt, den Sinn des Lebens auch wirklich zu erschließen.

Ich werde später noch einmal darauf zurückkommen, möchte aber schon an dieser Stelle auf die vier gängigsten Deutungen von Sinn hinweisen, die sich im Zuge des westlichen Denkens herausgebildet haben – vier Deutungen, die zwar wichtige Aspekte eines sinnvollen Lebens berühren und uns eine gewisse Wegstrecke unseres Lebens begleiten und tragen können, für sich allein genommen aber oft das Gegenteil davon bewirken.

1. *»Werde, was du bist!« – Die Gleichsetzung von Sinn und Bedeutung*
   Zunächst wäre da die Vorstellung, der Sinn des Lebens sei so etwas wie ein geheimer Plan, den Gott, das Schicksal, die Vorsehung oder wer auch immer für uns habe. Als gebe es für jeden irgendwo etwas, das er seinem Wesen nach ist: eine Art Rollenbeschreibung oder Drehbuch, die auszuführen oder umzusetzen das faktische Leben zu einem sinnvollen Leben macht. Oder anders gesagt: Sinnvoll ist das, was mit dem übereinstimmt, was es seinem Wesen – seiner Essenz – nach ist; wenn es nach Maßgabe dessen, *was es bedeutet*, richtig ist.
2. *»Mensch, es ist dir gesagt, was gut ist!« – Die Gleichsetzung von sinnvoll und gut*
   Eng damit verbunden ist die über lange Zeit sehr einflussreiche Idee, das Leben des Menschen sei genau dann sinnvoll, wenn es gut ist – und zwar gut in einem moralischen Sinne: wenn es bestimmten moralischen Standards und Normen entspricht, göttlichen Geboten oder auch dem moralischen Sittengesetz, wie Immanuel Kant es formulierte. Das heißt: Sinnvoll ist etwas genau dann, wenn es so ist, wie es sein soll; wenn es nach Maßgabe dessen richtig ist, was ihm geboten und aufgetragen ist.

Diese beiden Deutungen sind einander verwandt, denn sie gehen beide davon aus, man müsse sich an einem Ideal orientieren, um sinnvoll zu leben: einem von Gott, der Vernunft oder dem Schicksal herrührenden Standard, der definiert, wer oder was ich als Einzelner eigentlich bin (Deutung 1) oder wie ich als Vertreter der Gattung Mensch eigentlich zu sein habe (Deutung 2).

3. *»Mach dich nützlich!« – Die Gleichsetzung von Sinn und Zweck*
   Die dritte Deutung ist ein Kind der Philosophie der Aufklärung, genauer des englischen Utilitarismus. Diese Moralphilosophie machte ein Denken hoffähig, das die alte Frage nach dem guten und sinnvollen Leben unter Nützlichkeitserwägungen stellte: Gut und sinnvoll, so die Utilitaristen, ist ein Leben, das von Nutzen ist – das einem Zweck dient. Diesen Zweck fanden die Denker dieser Schule im »größtmöglichen Glück für die größtmögliche Menge«. Und sie machten es zu jedermanns Aufgabe, das Leben so zu kalkulieren, dass man diesem Zwecke möglichst nützlich ist.
4. *»Lebe so, dass du Ja zu dir sagen kannst!« – Die Gleichsetzung von sinnvoll und gewollt*
   Stehen im Hintergrund der Sinndeutungen 1 und 2 oft starke metaphysische Annahmen wie ein göttlicher Drehbuchautor oder Gesetzgeber, so verzichtet diese komplett darauf und erklärt stattdessen den Menschen selbst zum Macher seines Lebenssinns. »Gestalte dein Leben so, dass es bejahenswert ist«, formuliert der Phi-

losoph Wilhelm Schmid seinen »existenziellen Imperativ«. Es geht also darum, das Ziel, das zu erreichen den Sinn des Lebens verspricht, selbst zu formulieren. Die Lebenskunst rechnet demnach gerade nicht damit, Sinn finden zu können, und ermutigt uns stattdessen, ihn zu erfinden. Der Sinn wird so zu einem kunstvollen Konstrukt des Menschen.

Alle diese Deutungen – und wer weiß, was sonst noch alles – spuken gemeinhin in unseren Köpfen. Und ich behaupte: Sie verhindern, dass wir einen freien Blick auf den Sinn bekommen. Sie prägen unsere Erwartungen und Vorstellungen und geben uns ihre jeweiligen Ideale an die Hand, an denen gemessen uns das tatsächliche Leben dann aber allzu oft sinnlos vorkommt:

- weil wir das Wesen unserer selbst einfach nicht entdecken und nicht herausfinden, was wir bedeuten – worin unsere Bedeutung liegt – und welche Rolle wir manifestieren sollen;
- weil wir den moralischen Normen einfach nicht genügen und in unserer moralischen Fehlerhaftigkeit meinen, den Sinn unseres Lebens zu verfehlen;
- weil wir noch so nützlich und zweckdienlich leben, aber dennoch die schmerzliche Erfahrung machen können, dass der Nutzen, den wir erbringen, und der Zweck, dem wir dienen wollten, plötzlich wegbrechen oder sich als ganz und gar nicht bejahenswert entpuppen; und am Ende feststellen müssen, dass es völlig

sinnlos war, nützlich zu sein ... (passiert das nicht häufig in der Arbeitswelt?);

- weil wir hinter der selbstgemachten Deutung und dem selbstentworfenen Ideal unserer selbst einfach immer zurückbleiben. Oder wir erfüllen es sogar, zweifeln aber dabei noch immer daran, ob das nun wirklich sinnvoll und bejahenswert war.

Statt uns Wegweisung bei unserer Sinnsuche zu sein, erweisen sich diese Deutungen also eher als Holz- und Irrwege, die uns in Sinnlosigkeit, Resignation und Depression führen können. Deshalb ist Vorsicht geboten. Deshalb müssen wir uns irgendetwas einfallen lassen, um möglichst nicht in die Irre zu gehen. Was könnte das sein? Wer könnte uns einen Wink geben?

Meine Antwort lautet: Sokrates, die Galionsfigur der abendländischen Philosophie. Zumal wir nicht falsch liegen, wenn wir in ihm einen Urahn Frankls gewahren. Und wir tun gut daran, uns ihm ein wenig zuzuwenden.

Sokrates und Frankl verbindet nicht nur die Überzeugung, dass es jedem Menschen möglich ist, den Sinn des Lebens zu finden. Es ist darüber hinaus ihr therapeutischer Anspruch. Auch Sokrates verstand sein Philosophieren als eine *epiméleia tēs psychēs* – eine Sorge um die Seele. Auch er stellte dabei keineswegs den Anspruch, dem Menschen von außen sagen zu können, was der Sinn seines Lebens ist, wohl aber ihn zu der Erkenntnis zu führen, dass es sinnvoll ist, nach dem Sinn zu fragen – weil es diesen Sinn tatsächlich gibt. Denn er war davon überzeugt, den Menschen bei der Suche nach dem Sinn so etwas wie »Geburtshilfe« leisten zu können.

Wie das zu verstehen ist und was genau die »philosophische Geburtshilfe« als Sinnfindungsstrategie zu leisten vermag, hat sein Schüler Platon in seinem Dialog *Theaitetos* dargestellt. Darin gibt es die berühmte Passage, in der Sokrates sich selbst als Meister der Hebammenkunst präsentiert – als einer, der sich »um gebärende Seelen« kümmert, womit wohl nichts anderes gemeint ist als die Suche nach Sinn oder Weisheit. Sokrates beschreibt sein eigentümliches Geschäft darin als eines, bei dem es allem voran darauf ankomme, »zu prüfen, ob das Denken des Menschen Trugbilder und Falsches zu gebären im Begriff ist oder Kraftvolles und Wahres«.

Zuweilen freilich stieß Sokrates bei seinen therapeutischen Bemühungen auf Widerstand. Weil die Menschen, mit denen er es zu tun hatte, sich keineswegs für therapiebedürftig hielten. Im Gegenteil. Sie fühlten sich völlig intakt, meinten bestens Bescheid zu wissen, kamen überhaupt nicht auf die Idee, nach so etwas wie Sinn zu fragen. Folglich hielten sie Sokrates für einen nervtötenden Störenfried, dessen man sich besser früher als später entledigt. Was dann ja auch geschah.

Was ich aber eigentlich sagen wollte: Sokrates hatte ein Problem damit, dass er bei seinen Mitmenschen geistige Pathologien entdeckte, von denen sie überhaupt nichts ahnten. Und eben dieser Umstand dauert auf fatale Weise zweieinhalbtausend Jahre später noch immer fort. Denn auch in unserer modernen Welt scheinen mir Millionen Menschen geistig und seelisch zu leiden, ohne sich selbst als leidend zu empfinden. Weil ihr Leiden, ihr Unglück, ihre Sinnlosigkeit und Langeweile für sie zum Normalzustand geworden sind und sie über jede Menge Mittel und Wege verfügen, um sich durch Zerstreuung und Unterhaltung von ihrer inneren Not abzulenken.

Wenn Sinnverlust die Krankheit der Gegenwart ist, dann könnte es in der Tat an der Zeit sein, die sokratische Sorge um die Seele neu zu beleben und sich langsam, aber sicher an die Menschen heranzupirschen, um sie an die in ihrem Inneren glimmende Frage nach dem Sinn zu erinnern, die sie beinahe vergessen haben. Und genau das ist es, was Sokrates als philosophische Seelsorge verstand: »Nichts anderes tue ich, als dass ich umhergehe, um Jung und Alt unter euch zu überreden, sich ja nicht immer nur um den Körper und das Vermögen zu kümmern, sondern vielmehr für die Seele Sorge zu tragen, damit sie aufs Beste gedeihe.«

Sokrates ging es darum, einen freien, von vorgeprägten Erwartungen und Denkmustern unabhängigen Zugang zur Wirklichkeit des Lebens zu gewinnen. Er wollte, dass die Menschen bei ihrer Deutung des Lebens, ihrer Sinnsuche, ihrem Wunsch nach Orientierung mehr ihrer eigenen Erfahrung trauen als den Meinungen und Vorurteilen, die sie – bewusst oder unbewusst – von anderen übernommen haben; und dass sie auf diese Weise nicht nur schön über das Wahre, Gute und den Sinn des Lebens daherschwätzen können, sondern es auch wirklich erfahren.

Aber wie macht man das? Sokrates' Vorschlag lautet: durch geistiges Entgiften. Wenn wir uns die Aufgabe vornehmen, den Sinn für den Sinn zurückzugewinnen, müssen wir reichlich geistigen Müll rausschaffen, bevor wir richtig loslegen. Wir müssen unser vergiftetes Denken durch *Nach-Denken* kurieren und uns in Münchhausenscher Manier an den eigenen Gedanken aus dem Sumpf des Denkens ziehen, indem wir unseren Konzepten und Begriffen in die dunklen und verborgenen Schächte nachsteigen, aus denen sie hervorgekrochen sind. Wir müssen Licht in das verschlungene und unzugängliche Wurzelreich unseres Denkens bringen, weil wir die Macht der Konzepte nur brechen können, wenn wir ihre Genealogie ins Bewusstsein heben. Da schmelzen sie dann wie der Schnee in der Sonne. Aber solange sie im Dunkel des Unbewussten lagern, vereisen sie unser Herz und unseren Geist.

Wenn man sich dann in Platons Dialogen anschaut, was Sokrates mit seinen Gesprächspartnern tut, ahnt man, wie eine solche mentale Entgiftungskur aussehen kann: Der Mann räumt auf, gründlich. Er entsorgt den Gedankenmüll – *mindfuck*, wie man es heute nennt. Wieder und wieder werden wir in Platons Dialogen Zeuge, wie Sokrates den bornierten Bürgern seiner Heimatstadt auf den Zahn fühlt, nachhakt, weiter bohrt. Unermüdlich klopft er deren faule Ansprüche auf Wissen und Weisheit ab; so lange, bis da nichts übrig bleibt als ein Scherbenhaufen sinnloser Phrasen. Aber dann, wenn sie so richtig verwirrt sind und kein Stein der geistigen Gebäude, in denen sie sich so behaglich eingerichtet hatten, mehr auf dem anderen steht, dann frohlockt er, weil er endlich mit seiner Aufbauhilfe beginnen kann! Geistiges Entrümpeln, das können wir von Sokrates lernen, ist aller Weisheit Anfang.

Deswegen möchte ich mir nun erlauben, einen philosophischen Sperrmüll-Tag einzulegen, um die oben erwähnten vier gängigen Sinnkonzepte auszumisten. Danach kann der Sorge um die Seele zweiter Teil beginnen: die Aufbauarbeit. Denn wenn wir erst mal die gängigen Sinnerwartungen und -konzepte abgeschüttelt haben, können wir uns eine tragfähige Theorie vom Sinn des Lebens anschauen. Womit zugleich der Boden bereitet wäre, um eine Lebensform zu skizzieren, die es uns erlaubt, am Ende ein wirklich sinnvolles Leben zu führen – eines, das uns dieses unbedingte »Ja!« zu uns und unserem Leben aussprechen lässt, von dem Viktor Frankl so eindringlich sprach.

Nimmt man das alles zusammen, dann ist klar: Philosophieren ist ein sinnvolles Geschäft. Denn wenn es stimmt, dass seelische und geistige (ja, wahrscheinlich sogar körperliche) Gebrechen von einem irrsinnigen, unsinnigen, sinnlosen oder wenigstens doch fragwürdigen Denken herrühren, und wenn die Aufgabe der Philosophie darin liegt, dieses Denken zu entlarven, bloßzustellen und zu korrigieren, um sodann theoretische und praktische Alternativen aufzuweisen, dann wird man mit

Fug und Recht sagen können, Philosophie als Sorge für die Seele sei ein nützliches Unterfangen. Ein Unterfangen, das umso notwendiger ist, je mehr Irrsinn, Unsinn und Sinnlosigkeit unser Leben vergiften.

Erstes Zwischenspiel im Himmel

Kaum dass der EWIGE jene denkwürdige Zusammenkunft des Rates der Denker aufgelöst hatte, entstand dem Vernehmen nach ein großes Getümmel unter den Anwesenden. So traf es sich, dass beim Herausgehen zwei Herren unsanft aneinanderstießen.

»Verzeihen Sie, verzeihen Sie«, stammelte der eine, ohne den Blick vom Boden zu heben, und zupfte gedankenverloren an seinem Revers.

»Ja, da schau doch einer her: der gute Herr Kant«, platzte es aus dem anderen, »immer in Gedanken, aber stets korrekt und voll guten Willens – ha, das wandelnde Sittengesetz! Ich bin ihm auf den Fuß getreten. Da capo, ich will es wieder tun!«

»Spotten Sie meiner nicht, Herr Professor Nietzsche«, entgegnete Kant unter höflichen Verbeugungen, und da jener sich so ehrerbietig angesprochen sah, hielt sein Stiefel inne, während seine Hand die seines Gegenübers suchte, um sie kraftvoll zu schütteln. Da fasste der zierliche Mann Mut. Fast flüsternd, so dass Nietzsche ihm sein Ohr zuwenden musste, sprach Kant ihn an: »Herr Professor Nietzsche, es freut mich außerordentlich, Sie hier zu treffen. Schon lange verfolge ich Ihre Arbeit mit einem ungekünstelten, interesselosen Wohlgefallen. Obgleich es mir schwerfällt, Ihren erhabenen Gedanken zu folgen und mir die von Ihnen gewählte Sprache zuweilen bemerkenswert zusetzt, habe ich es doch zu keinem Zeitpunkt unversucht gelassen, Ihrer Denkungsart auf die Schliche zu kommen und die ihr zugrunde liegenden synthetischen Urteile a priori gleichsam ex posteriori vermittelst einer wohlmeinenden Lektüre, deren Grundhaltung nach meinem Dafürhalten als Maxime eines jeden als notwendiges Naturgesetz postuliert zu werden verdiente, zu erhellen.«

»Aha«, entgegnete Nietzsche trocken, wodurch sein Gegenüber sich ermutigt sah, fortzufahren.

»Nun«, sagte Kant, »stellt sich mir aber doch eine Frage. Wie Sie wissen, habe ich ja seinerzeit dargelegt, dass Gott nichts anderes ist als ein regulatives Prinzip der Vernunft, alle Verbindung in der Welt so anzusehen, als ob sie aus einer allgenügsamen notwendigen Ursache entspränge; dass das Ideal eines höchsten Wesens mithin keineswegs die Behauptung einer an sich notwendigen Existenz mit sich führe. Aber, mein Herr, dass Sie Gott deshalb gleich für tot erklären, scheint mir doch etwas weit gegriffen. Denn damit untergraben Sie das Fundament aller Ordnung und Sittlichkeit. Ja, damit werden Sie zu dem, was zu sein meine Gegner mir stets vorzuwerfen beliebten: zu einem Alleszermalmer. Denn sehen Sie, Herr Professor, ohne einen Gott und eine für uns jetzt nicht sichtbare, aber gehoffte Welt sind die herrlichen Ideen der Sittlichkeit zwar Gegenstände des Beifalls und der Bewunderung, aber nicht Triebfedern des Vorsatzes und der Ausübung, weil sie nicht den ganzen Zweck, der einem jeden vernünftigen Wesen natürlich und durch eben dieselbe reine Vernunft a priori bestimmt und notwendig ist, erfüllen.« Hier hielt Kant inne, um seine Pointe zu betonen. »Reden Sie also nicht vom Tode Gottes, mein Herr«, fügte er leise, aber bestimmt hinzu, »denn mit dieser Rede rauben Sie den Menschen den Sinn. Der Mensch ist zu sehr aus krummem Holz geschnitzt, als dass er ein sittlich gutes und vernunftgemäßes Leben führen würde, wenn ihm nicht in Aussicht gestellt wäre, durch und in Gott eine seiner Sittlichkeit gemäße Seligkeit zu empfangen. Ohne Gott keine Sittlichkeit, ohne Sittlichkeit aber kein Sinn. Der Sinn des Lebens, mein Herr, besteht darin, dem moralischen Gesetz in mir Folge zu leisten – ihm Folge leisten zu *wollen*. Denn, mein Herr, womöglich stimmen Sie ja mit mir darin überein, dass nichts in dieser Welt, ja sogar außerhalb derselben, gut genannt werden könne, als allein mein guter Wille. Wille zum Gut-Sein, so heiße ich den Willen zum Sinn – und nur indem ich Gutes will, werde ich mich meiner Vernunft würdig erweisen. Denn das, mein Herr, dünkt mich der Sinn des Lebens: dem Sittengesetz in mir, dem kategorischen Imperativ, Folge zu leisten, aber ganz gewiss nicht zu ... zu tanzen.«

Nietzsche hatte aufmerksam zugehört. Er zupfte sich an seinem mächtigen Bart und murmelte in diesen hinein: »Gott ist ein Gedanke, der macht alles Gerade krumm und alles, was steht, drehend. Wie? Die Zeit wäre hinweg und alles Vergängliche nur Lüge? Dies zu denken ist Wirbel und Schwindel menschlichen Gebeinen und noch dem Magen ein Erbrechen: wahrlich, die drehende Krankheit heiße ich's, solches zu mutmaßen. Böse heiße ich's und menschenfeindlich: all dies Lehren vom Einen und Vollen und Unbewegten und Satten und Unvergänglichen!« Nun kam er in Fahrt: »Alles Unvergängliche – das ist nur ein Gleichnis!«, brüllte er hinaus in die ewigen Weiten des Universums. Und Kant erneut zugewandt, setzte er mit blitzendem Auge hinzu: »Und ihr Philosophen ... lügt zu viel!«

Kant war getroffen, wankte. Das, was ihm das Heiligste war, das Sittengesetz in ihm – es schien zu schwanken. Dieser Mann wollte ihn um den Verstand bringen. »Aber, aber, mein Herr«, stammelte er, »wo bleibt da die Vernunft? Und wo die Moral? Bedenken Sie doch ...«

»Ein Werkzeug deines Leibes ist deine kleine Vernunft, mein Bruder«, fiel ihm Nietzsche milde lächelnd ins Wort, »denn Leib bist du ganz und gar, und Nichts außerdem. Dein schaffender Leib schuf sich den Geist als eine Hand seines Willens. Aber dieser, sein Wille, mein Freund, der will nicht gut sein. Ha, der will kein ›Du sollst‹, – der will nur eines: Macht will er haben. Wisse denn, Bruder«, und mit diesen Worten näherte sich Nietzsches Schnauzbart bedrohlich dem glatt rasierten Antlitz Kants, »deine Moral, dein Sittengesetz, deinen ...«, und während er sprach, verdrehte er verächtlich seine Augen, »... deinen kategorischen Imperativ – das alles hast du dir selbst erfunden. Das alles hast du dir selbst erlogen. Aber ich weiß, du kleiner Schelm, was du damit sagen wolltest. Du wolltest dich selbst beweihräuchern und deinen Willen den anderen aufzwingen. Nicht dein Wille zum Guten, nein, dein Wille zur Macht war's, der deine Feder führte, als du dein Sittengesetz erfandest. Aber mich täuschst du nicht. Nein, ich vermag mir dein Gleichnis aufzulösen und die Zeichensprache deiner Affekte zu entziffern: Was an mir achtbar ist, das ist, dass ich gehorchen kann – und bei euch soll es nicht anders steh'n als bei mir –, das ist's, was dein Sittengesetz in Wahrheit sagt. Das, Bruder, ist die Wahrheit hinter deiner kleinen Lüge. Pfui, Ekel! O sancta simplicitas! In welcher seltsamen Vereinfachung und Fälschung lebt der Mensch! Wie lächerlich ist doch all sein ›Du sollst‹, wie lächerlich all seine Götter, gleich wie sie heißen!«

Und kaum dass er diese Worte gesprochen, da brach es neuerlich aus ihm heraus. Wild und donnernd durchdrang sein Lachen den ortlosen Ort. Niemals noch auf Erden lachte je ein Mensch, wie er lachte. Als er sich endlich ausgelacht hatte, da blickte er Kant durch tränenverschleierte Augen an und sagte: »Diese Krone des Lachenden, diese Rosenkranz-Krone, dir, meinem Bruder, werfe ich diese Krone zu! Das Lachen spreche ich heilig: ihr höheren Menschen, lernt mir – lachen! Auf dass ihr trotz all eurer Prediger des Todes das Leben liebt – auf dass ihr trotz dieses Herrn hier«, wobei er auf Kant wies, »den Sinn eures Lebens ... schafft! Ach, meine Brüder, was gehen mich noch – die Götter an!«

Vom Tode Gottes und dem Verlöschen der alten Sonnen

Laternen am Vormittag

Gott ist tot

So wie Thales einst den genauen Termin einer Sonnenfinsternis berechnete und damit die Nützlichkeit der Philosophie unter Beweis stellte, so lässt sich auch das Datum ermitteln, an dem die Sinnfinsternis über die Erde kam beziehungsweise an dem sie zum ersten Mal zur Sprache gebracht wurde. Es geschah im Jahre 1882, als Friedrich Nietzsches Buch *Die Fröhliche Wissenschaft* erschien. Darin nämlich findet sich im Abschnitt 125 die erschütternd schonungslose Diagnose dieses Ereignisses:

> »Habt ihr nicht von jenem tollen Menschen gehört, der am hellen Vormittage eine Laterne anzündete, auf den Markt lief und unaufhörlich schrie: ›Ich suche Gott! Ich suche Gott!‹ – Da dort gerade Viele von Denen zusammen standen, welche nicht an Gott glaubten, so erregte er ein großes Gelächter. Ist er denn verloren gegangen? sagte der Eine. Hat er sich verlaufen wie ein Kind? sagte der Andere. Oder hält er sich versteckt? Fürchtet er sich vor uns? Ist er zu Schiff gegangen? ausgewandert? – so

> schrien und lachten sie durcheinander. Der tolle Mensch sprang mitten unter sie und durchbohrte sie mit seinen Blicken. ›Wohin ist Gott?‹ rief er, ›ich will es euch sagen! Wir haben ihn getötet – ihr und ich! Wir Alle sind seine Mörder! Aber wie haben wir dies gemacht? Wie vermochten wir das Meer auszutrinken? Wer gab uns den Schwamm, um den ganzen Horizont wegzuwischen? Was taten wir, als wir diese Erde von ihrer Sonne losketteten? Wohin bewegt sie sich nun? Wohin bewegen wir uns? Fort von allen Sonnen? Stürzen wir nicht fortwährend? Und rückwärts, seitwärts, vorwärts, nach allen Seiten? Gibt es noch ein Oben und ein Unten? Irren wir nicht wie durch ein unendliches Nichts? Haucht uns nicht der leere Raum an? Ist es nicht kälter geworden? Kommt nicht immerfort die Nacht und mehr Nacht? Müssen nicht Laternen am Vormittage angezündet werden? Hören wir noch Nichts von dem Lärm der Totengräber, welche Gott begraben? Riechen wir noch Nichts von der göttlichen Verwesung? – auch Götter verwesen! Gott ist tot! Gott bleibt tot! Und wir haben ihn getötet!‹«

Was sind dies doch für erschütternd großartige, für eingängige Bilder! »Wie vermochten wir das Meer auszutrinken? Wer gab uns den Schwamm, um den ganzen Horizont wegzuwischen? Was taten wir, als wir diese Erde von ihrer Sonne losketteten?« – Kein Meer, kein Horizont, keine Sonne. Nichts gibt es mehr, woran man sich orientieren könnte; nichts, vor dem man sich positionieren könnte; nichts, was einem die Richtung wiese: »rückwärts, vorwärts, seitwärts, nach allen Seiten« - niemand wüsste es zu unterscheiden; kein Oben und kein Unten. Nur ein leeres, flaches Nichts - ein existenzielles Vakuum. Immerfort kommt »die Nacht und mehr Nacht« - Sinnfinsternis. Prägnanter kann man es nicht beschreiben, was die Philosophen später »Nihilismus« nannten: eine Sicht auf die Welt und das Leben, die nichts mehr daran findet, was von sich aus sinnvoll, wertvoll, maßgeblich wäre; der das Absolute und Ideale abhandengekommen ist; eine Sicht auf die Welt, die sich heute der Geister und Herzen der meisten Menschen bemächtigt hat.

Ganz so, wie Nietzsche es prophezeite. Ganz so, wie er meinte, dass es kommen müsse, wenn denn die Botschaft vom Tode Gottes erst einmal die Studierstuben der Vordenker verlassen und den Mainstream der Kultur erreicht haben würde; wenn denn die Menschen tatsächlich Ernst damit machten, dass Gott unter ihren Händen gestorben ist und sich alles Absolute, Maßgebliche und Ewige verflüchtigt hat.

»Dies ungeheure Ereignis ist noch unterwegs und wandert - es ist noch nicht bis zu den Ohren der Menschen gedrungen«, lässt Nietzsche den »tollen Menschen« sagen. Der Tod Gottes, das Ende der Metaphysik - es ist ein Ereignis, das auf halbem Wege stecken geblieben ist und das es nun zu vollenden gelte. Was zu vollbringen Nietzsche als seine vornehmste Aufgabe betrachtete. Das jedenfalls war es, was er meinte, wenn er seinen Zarathustra in poetischen Worten rufen ließ: »Ich lehre euch den Übermenschen. Der Mensch ist Etwas, das überwunden werden soll!« – der Mensch nämlich, sofern er sich an »überirdische Hoffnungen« kettet und sich sein Heil von einem Jenseits erhofft, das Nietzsche als »Hinterwelt« verspottete: eine »entmenschte unmenschliche Welt, die ein himmlisches Nichts ist«. Nietzsches Übermensch dagegen ist derjenige, der sich von diesem »Wahn« befreit hat, einer, der Ernst damit macht, dass es nichts Absolutes, Maßgebliches, Ewiges gibt; der zu Ende denkt, was es bedeutet, dass Gott tot ist – und dann die Konsequenzen daraus zieht.

Doch bevor wir auf diese Konsequenzen zu sprechen kommen, sollten wir uns den – aus Nietzsches Sicht – halbherzigen Mördern Gottes zuwenden: denen, die sich wohl von der alten Moral und Metaphysik loszureißen mühten, dabei aber doch so darin verstrickt blieben, dass Nietzsche sich bemüßigt sah, auch sie noch in den Kreis der Hinterweltler zu verweisen. Vor allem deswegen sollten wir das tun, weil es deren Philosophien sind, die nachhaltig, bis heute, die Sinnerwartungen und Sinnverheißungen der Menschen geprägt haben; weil sie es sind, in deren Bahnen sich bis heute viele Menschen bewegen, so sie denn auf der – meist erfolglosen – Suche nach dem Sinn des Lebens sind.

Der Gott, dessen Tod Nietzsche zu exekutieren und zu zelebrieren gedachte, war der Gott des Christentums. Aber es war nicht der Gott des Christentums allein, erschien er Nietzsche doch eigentlich nur als Maske für dasjenige, was er zum »schlimmsten, langwierigsten und gefährlichsten aller Irrtümer« erklärte, »nämlich Plato's

Erfindung vom reinen Geiste und vom Guten an sich.« Deshalb konnte er in der Vorrede zu *Jenseits von Gut und Böse* das geflügelte Worte formulieren: »Christentum ist Platonismus für's ›Volk‹.«

Später werde ich noch erklären, warum ich glaube, dass Nietzsche dem guten Platon hier Unrecht getan hat. Und nicht nur er, sondern beinahe die gesamte abendländische Philosophie seit den Tagen von Platons prominentestem Schüler Aristoteles, weshalb ich versucht wäre, mit Hölderlin auszurufen: »Heiliger Platon vergib! Man hat schwer an dir gesündigt!« Aber fürs Erste obliegt es mir wohl, verständlich zu machen, was Nietzsche eigentlich meinte, wenn er das, was er für Platonismus und die geistige Substanz des Christentums hielt, als »Dogmatiker-Irrtum« brandmarkte – einen Irrtum, gegen den schon die halbherzigen Mörder Gottes der Vergangenheit gekämpft hatten, und den endgültig zu erledigen er nun selbst seine Keule schwang.

Also hat Gott die Welt gewollt ...

Wovon also redet Nietzsche, wenn er den Tod Gottes proklamiert? Er beschwört das Ende einer Philosophie – einer »Auslegung des Seins im Ganzen«, wie Martin Heidegger das genannt hätte –, die unsere Frage nach dem Sinn beantworten zu können vorgibt, indem sie auf »den reinen Geist« und das »Gute an sich« verweist. Tatsächlich hatte Platon in seiner Deutung der Welt mit solchen

Formulierungen operiert. Tatsächlich hatte er in seinen Dialogen den Gedanken vorgetragen, die Phänomene dieser Welt verdankten ihr Sein der Präsenz zeitloser, ewiger Ideen, die ihrerseits in einer »Idee des Guten« gründen, die unsere Welt – den Kosmos – mit Sinn durchdringe. Ganz so, wie die Sonne sie mit Licht durchdringt. Und tatsächlich war diese platonische Philosophie, vermittelt durch die Lehren der sogenannten Neuplatoniker, in den ersten Jahrhunderten nach der Zeitenwende in die sich damals formierende christliche Theologie eingesickert; wo sie erstaunlich frische Blüten trieb, die zwar mit dem Denken des alten Platon nicht mehr viel gemein hatten, dafür aber bestens präpariert waren, um sich in einer wundersamen Symbiose mit den uralten religiösen Vorstellungen des Vorderen Orients zu verbinden.

Diese – allen voran das Judentum – kannten und verehrten einen allmächtigen Schöpfergott: den Einen, der die Welt geschaffen hat; den Ewigen und Allmächtigen, den jeder Fromme als den unerschütterlichen und unbestreitbaren Grund dieser Welt anzuerkennen hatte. Dieser Gott hatte in sechs Tagen aus dem Nichts eine Welt geschaffen. Und Er hatte, getreu dem biblischen Schöpfungsbericht, diese Welt für gut befunden. Er hatte sie gutgeheißen und garantierte seither den unverbrüchlichen Sinn seiner Schöpfung. Aber nicht nur das. Auch hatte Er diese Welt gewollt, auch hatte Er sich etwas bei ihrer Erschaffung gedacht. Er hatte Gutes mit der Welt vor und Er hatte in seinem ewigen Intellekt ganz viele Ideen, die in dieser Welt Wirklichkeit geworden waren, so dass alles in dieser Welt Gewordene auf wunderliche Weise auf das verwies, was Gott in seinem Geiste trug. Alles auf Erden schien etwas zu bedeuten, und so galt es, mit der eigenen Vernunft die Gedanken Gottes zu erschließen, die sich kraft seines Schöpfungsaktes in der sichtbaren Welt manifestiert hatten. Solches zu tun, hieß die Dinge zu verstehen – ihren Sinn zu erkennen. Wobei Sinn verstanden wurde als die den Dingen von Gott gegebene Bedeutung. Das ist wichtig, denn so wurde der Keim zu der später populär gewordenen Vorstellung gesät, man müsse diese in Gottes Weisheit verborgene Bedeutung des eigenen Lebens herausfinden, wenn es einem darum zu tun sei, den Sinn seines Lebens zu ergründen. Kurz: Aus der Liaison von platonischer Ideenphilosophie und christlichem Schöpfungsglauben ging dasjenige hervor, was ich die »Gleichsetzung von Sinn und Bedeutung« nenne.

Doch hatte Gott nicht nur die Welt gewollt, geschaffen und für gut gefunden. Er hatte auch den Menschen erschaffen und ihm mitgeteilt, was Er von ihm wolle, auf dass Er ihn gutheißen könne. Also hatte Er seinem Volke Gebote und Regeln aufgetragen, denen Gehorsam zu leisten den Sinn eines jeden Menschenlebens verbürgte. Denn wer solches tat, durfte sicher sein, von Gott gutgeheißen und bejaht zu sein – so dass er sich selbst gutheißen und bejahen konnte.

»Mensch, es ist dir gesagt, was gut ist und was der Herr von dir fordert«, hatte einst der Prophet Micha gepredigt, »nämlich Gottes Wort halten und Liebe üben und demütig sein vor deinem Gott.« Das war immerhin eine klare

Ansage – und zwar eine Ansage aus dem Geiste der bislang wohl erfolgreichsten geistigen Formation, kraft derer Menschen den Sinn ihres Lebens verwirklichen zu können glauben: der Moral.

Denn nun wusste der Mensch, woran der Sinn seines Lebens hing, was sein Leben bejahbar machte. Er musste im Einklang mit Gottes Gebot leben. Er musste gehorsam sein gegen Gott. Die ganze christliche Ethik baut auf diesem Motiv auf: schon bei Paulus, aber erst recht bei Augustinus. In dessen Theologie gerät der Gehorsam gegen Gott zu der christlichen Kardinaltugend überhaupt. Und der Wille – *voluntas* – als die sich auf den Gehorsam gegen Gott verpflichtende Instanz im Menschen wird zum eigentlichen Subjekt alles moralischen Tuns. Gut und sinnvoll, so Augustinus, ist das Leben des Menschen in eben dem Maße, in dem er sich darauf verpflichtet, bei all seinem Tun und Lassen dem Willen Gottes gehorsam zu sein.

Ganz so wie in der christlichen Dogmatik der Vorsatz Gottes, das Universum zu erschaffen – sein *Wille zur Schöpfung* –, die Sinnhaftigkeit der gewordenen Welt und aller Dinge in ihr garantierte, so gewährleistete in der christlichen Moral *der Wille des Menschen zum Gehorsam gegen Gott* die Sinnhaftigkeit seines individuellen Lebens; seine Sinnhaftigkeit, die sich darüber hinaus nach dem Tode darin bewähren sollte, dass einem jeden, der gehorsam, gut und sinnvoll sein irdisches Dasein bestritten hatte, der Zugang zum ewigen Gottesreich geöffnet würde – gleichsam als Besiegelung, da er in Gottes Augen ein bejahbares Leben hatte vorweisen können.

Solange Gott »lebte« – was nun so viel bedeuten soll wie: solange der Glaube an Gott ungebrochen war –, konnte sich der Mensch mithin darauf verlassen, dass sein Leben einen Sinn habe. Er konnte zwar diesen Sinn verfehlen, wenn er Gottes erklärtem Willen zuwiderhandelte, ihn aber auch treffen, wenn er seinen Willen mit dem Willen Gottes zur Deckung brachte und so den Geboten der Moral entsprach. Ebenso konnte er sich darauf verlassen, dass die Dinge dieser Welt einen Sinn haben. Auch diesen Sinn konnte er verfehlen, sofern er in Unkenntnis und Unwissenheit auf Erden wandelte, aber er konnte ihn auch treffen, wenn er kraft seiner Vernunft herausfand, was die Dinge der Welt bedeuteten. So oder so verstand man als Sinn das, was von Gott gewollt und gutgeheißen war. Und was niemand zu *er*finden brauchte, weil es überall *ge*funden werden konnte. Denn sinnvoll war folglich alles, was die ihm von Gott gegebene Bedeutung zu erkennen gab, beziehungsweise was die ihm von Gott aufgetragenen Gebote erfüllte.

So war es vor dem Tode Gottes, solange die alte Metaphysik lebendig war und der Glaube an den zeitlosen und unwandelbaren Sinn alles Seienden Bestand hatte. So war es, solange die christliche Moral in Geltung stand und die Menschen zu wissen glaubten, was gut und böse ist.

Dann aber begann der schleichende Tod Gottes. Die Philosophen verloren den Glauben an einen Gott, der die Welt gewollt hatte und der etwas von ihnen wollte. Und so machten sie sich daran, die Welt von ihrer Sonne loszuketten und den Horizont fortzuwischen, vor dem sie bis dato ihr Leben gedeutet und gestaltet hatten. Natürlich hörten sie damit nicht auf, nach dem Sinn der Welt und ihres Lebens zu fragen. Aber dieser Sinn ließ sich auf einmal nicht mehr einfach finden – nicht in Gottes Intellekt und auch nicht in Gottes Willen. Er musste anderswo entdeckt werden. Und was lag da näher, als ihn auf Seiten des Menschen zu suchen: im menschlichen Intellekt und im menschlichen Willen? Allein darauf glaubte man sich noch verlassen zu können. Und so war es nur konsequent, dass irgendwann einer kommen musste, der sein eigenes Denken an Gottes statt zum *fundamentum inconcussum* ernannte, zum einzigen unerschütterlichen Fundament, auf das sich unser Leben gründen lasse. René Descartes hieß der Mann, und was ihn zu dieser kühnen These bewegt hatte, war sein verzweifeltes Ringen um Gewissheit. Alles, so behauptete er in seinen *Meditationen über die Erste Philosophie*, restlos alles – auch Gott – könne in seiner Existenz bezweifelt werden. Allein die Tatsache, *dass* man dabei aber doch denke, sei diesem Zweifel enthoben; so dass dieses »denken« das einzige Absolute sei, was als der Urheber und Garant von einem bleibenden Sinn des Lebens noch in Betracht gezogen werden könne.

Also begannen die neuzeitlichen Philosophen - diese halbherzigen Mörder des alten Gottes - den Sinn des Lebens und der Welt nirgendwo anders zu suchen als in dem Subjekt des Denkens, das heißt innerhalb der Reichweite ihrer menschlichen Vernunft. So nimmt es nicht wunder, dass die Antworten, zu denen sie kamen, signifikant anders klangen als zu früheren Zeiten. Während sie sich gleichzeitig aber noch ganz in den gedanklichen Bahnen bewegten, die von den alten Metaphysikern und Theologen gelegt worden waren - was Nietzsche äußerst degoutant fand.

Werde, was du bist!
Die Gleichsetzung von Sinn und Bedeutung

Gott starb langsam. Und die alte Metaphysik verblutete nicht an einem Tag. Die Ersten, die erfolgreich ihre Messer gegen sie erhoben, waren die sogenannten Nominalisten des Hochmittelalters, eine philosophische Konfliktpartei, die im Dauerclinch mit den sogenannten Realisten lag. Der Streit beider Parteien war an der Frage entbrannt, ob man denn wirklich sagen könne, der Sinn der Phänomene - das, was man an den Dingen dieser Welt verstehen kann - seien die ewigen und absoluten Ideen, die Gott in seinem allumfassenden Geist erdachte: die Bedeutung, die Gott einem jeden Ding im Zuge seiner Schöpfung gegeben habe. Die Realisten sagten: Ja, der Sinn eines Dinges ist eine ewige *Universalie*, die im göttlichen Intellekt existiert, völlig unabhängig vom faktischen Vorkommen der Dinge. Der Sinn einer Tasse etwa ist gleichsam abgespeichert auf der Festplatte eines zeitlosen göttlichen Computers und kann von jedem seines Namens würdigen Töpfer jederzeit und überall heruntergeladen werden. Die Nominalisten konterten: Nein, das, was man an den Dingen verstehen kann, ist überhaupt nicht ablösbar von dem, was real existiert, und deshalb auch nicht in irgendeinem ewigen göttlichen Geist auffindbar. Der Sinn einer Tasse kann folglich auch nicht durch einen Töpfer von der göttlichen Festplatte heruntergeladen werden, sondern der Töpfer generiert ihn selbst. Und nicht nur er, sondern auch derjenige, der aus der Tasse trinkt. Denn der Sinn einer Tasse liegt nicht in der Bedeutung, die *Gott* diesem Ding gegeben hat, sondern in der Bedeutung, die dadurch entsteht, dass dieses Ding auf eine bestimmte Weise von *Menschen* gebraucht wird. Sinn, so die nominalistische Deutung, ist Menschenwerk. Er richtet sich nach unserem Tun und Sagen und ist deshalb nicht absolut, sondern relativ. Sinn ist nicht ewig, sondern geworden beziehungsweise gemacht.

Der Streit zwischen beiden Parteien war heftig. Und was meinen Sie, wer am Ende gewonnen hat? Richtig, die Nominalisten. Womit Gott zu sterben begann, weil die Dinge dieser Welt nun nicht mehr als Manifestationen des göttlichen Geistes gedeutet werden konnten. Weil sie nun keinen ihnen gleichsam eingeborenen Sinn mehr in sich trugen, den man an ihnen verstehen konnte. Weil sie nun nicht mehr auf eine andere Dimension verwiesen und keinen tieferen Sinn mehr bedeuteten. Weil sie nun einfach nur noch die physischen, materiellen, körperlichen Dinge waren, denen keine von Gott gewollte Bedeutung mehr innewohnte. Die Welt geriet so zu einer großen Ansammlung ausgedehnter Sachen – *res extensa*, wie Descartes diese zweifelhaften Dinge nannte, um sie vom verlässlichen Intellekt, *res cogitans* (= denkende Sache), zu unterscheiden. So ihres Sinnes entleert, konnten die Phänomene fortan vermessen, berechnet und seziert werden. Die empirische Wissenschaft kam in die Gänge. Und der Siegeszug der Technik folgte ihr auf dem Fuß. Damit aber ergriff ein neuer Geist (oder Ungeist) Besitz vom Menschen, der den Anspruch geltend machte, »Herr und Meister der Natur« zu sein – der *maître et possesseur de la nature* (Descartes).

Natürlich blieben solch markige Worte nicht unwidersprochen. Einer, der sich mit Descartes' Trennung der Welt in sinnentleerte Dinge hier und denkendem Intellekt da gar nicht abfinden mochte, war Gottfried Wilhelm Leibniz. Er entwickelte eine vergleichsweise kühne Theorie, derzufolge dieses Universum im unendlichen Intellekt Gottes als eine »prästabilierte Harmonie« entworfen worden sei: eine gigantische Komposition, in der Gott alles so arrangiert hatte, dass die beste aller möglichen Welten dabei herausgekommen war bzw. im Herauskommen begriffen ist. Denn für Leibniz war die Welt nicht fertig, sondern ein Prozess, ein Geschehen, in dessen Folge sich ihr Bestmöglich-Sein entfalten würde. Zwar können wir, so lehrte Leibniz, nicht immer verstehen, wieso nun ausgerechnet diese hier die beste aller möglichen Welten sein soll, aber wir können nichtsdestotrotz davon ausgehen, dass diese

Welt im Ganzen sinnvoll ist – bestmöglich eben. Und das gilt nicht nur für die Welt im Ganzen, sondern konsequenterweise auch für all das, was darin vorkommt – allem voran für die eigene Existenz. Auch sie ist Teil der »prästabilierten Harmonie«, denn sie gründet in dem, was Leibniz eine »individuelle Substanz« oder »Monade« nannte. Darunter verstand er so etwas wie die Energiequelle eines jeden Seienden: die Ursache dafür, dass etwas in seiner jeweiligen Besonderheit existiert, gleichsam die Seele eines jeden Dinges, die es zu seinem So-Sein entfaltet. Leibniz nannte die Monaden deshalb auch »Entelechien«: etwas, das in sich (*en*) sein Ziel (*telos*) hat (*echei*), das also darauf angelegt ist, sich über die Spanne seiner Existenz zu dem zu entwickeln, was es eigentlich ist. Etwa so, wie ein Keim sich über den Prozess des Wachstums hin zu einem stattlichen Baum entwickelt und darin sein Ziel oder seine Vollendung erreicht.

Warum erzähle ich das? Weil durch Leibniz' Theorie der »individuellen Substanzen« in abgewandelter Form die alte neuplatonische Idee zurückkehrte, der Sinn eines Seienden sei die ihm von Gott gegebene Bedeutung. Nur, dass dieses Verständnis von Sinn nun nicht mehr allein auf die Dinge dieser Welt Anwendung fand, sondern auch auf die Krone der Schöpfung: den individuellen Menschen. Auch ihm eignet – wenn man Leibniz folgt – eine zeitlose Bedeutung, die den Sinn eines jeden individuellen Lebens verbürgt. In Gegenreaktion zu der Sinn-Entleerung der Dinge in Folge des Nominalismus und des von Descartes auf den Weg gebrachten neuzeitlichen Rationalismus wurde so die Vorstellung populär, ein jeder Mensch trage in sich einen Keim, den zu entwickeln der Sinn seines Lebens sei. »Werde, der du bist!«, konnte man sich nun zurufen, was so viel heißen sollte wie: Entfalte dein Wesen! Gib deinem Leben Bedeutung, indem du verwirklichst, was deine Bestimmung ist!

Die Gleichsetzung von Sinn und Bedeutung ging mit Leibniz also in die zweite Runde. Und das nicht ohne Erfolg. Denn reden Sie mal mit Ihren Freunden über den Sinn des Lebens. Wenn Sie genau hinhören, werden Sie immer wieder auf heimliche Leibnizianer stoßen, die unermüdlich danach trachten herauszufinden, was wohl ihre Bestimmung ist; die sich fragen, was sie nur tun können, um die zu werden, die sie eigentlich sind; wie sie es hinbekommen können, das ihnen vom großen Schöpfergott (oder dem Karma oder sonst wem) zugedachte Drehbuch richtig umzusetzen, so dass es stimmt, so dass sie sich bejahen können, so dass ihr Leben bedeutend ist, weil es seinen Sinn (= Bedeutung, Bestimmung) zu erkennen gibt. Selbst nach dem Tode Gottes ist diese Form der Sinnerwartung noch weit verbreitet. So ganz ist die sinnstiftende Sonne der alten Metaphysik offenbar doch nicht untergangen. Zumindest glüht sie im Glauben an eine persönliche und individuelle Bestimmung noch nach. Und vielleicht ist das auch ganz gut so. Denn es ist wohl unstrittig, dass sich Menschen wohlfühlen, die in dem Bewusstsein leben, ihrer Bestimmung zu folgen. Die Frage ist nur, wie weit dieses Bewusstsein trägt und wie viel Nachhaltigkeit diesem Wohlfühlen eignet.

Mach dich nützlich!
Die Gleichsetzung von Sinn und Zweck

Auch die sinnstiftende Sonne der alten Moral steht – sehr zum Verdruss Nietzsches, wie man annehmen darf – noch immer glutrot über dem Horizont. Und das, obwohl es unter den Philosophen und Vordenkern des Westens lang schon als ausgemacht gilt, dass allein mit den Geboten Gottes kein Staat zu machen sei. Spätestens seit Europa in den Konfessionskriegen des 17. Jahrhunderts in Schutt und Asche versunken war, mochte niemand mehr daran glauben, dass ausgerechnet die Religion ein verlässliches Fundament für ein gedeihliches Miteinander der Menschen zu legen vermöge. Denn auf Gottes Gebot hatten sich sowohl die Protestanten als auch die Katholiken berufen, was weder die einen noch die anderen daran hinderte, brandschatzend und marodierend durch die Lande zu ziehen. Besonders schlimm war es in England zugegangen, und so nimmt es nicht wunder, dass sich dort jemand finden sollte, der die Moral mit eiserner Faust vom Himmel auf die Erde riss. Nicht Gott wollte er länger als den Garanten einer stimmigen, bejahbaren und gutzuheißenden Ordnung auf Erden akzeptieren. Nein, ein »sterblicher Gott«, der »große Leviathan« musste her – und eben diesen fand Thomas Hobbes im totalen Staat.

Hobbes' Gedanke war einfach: Die Menschen scheren sich einen Dreck um die Weisungen Gottes. Im Gegenteil: Sie trachten einander nach dem Leben und befinden sich von alters her in einem Zustand, der sich als »Krieg aller gegen alle« beschreiben lässt. Diesem Treiben, meinte

Hobbes, könne nur Abhilfe geschaffen werden, indem die Menschen sich dazu aufrafften, »sich gewissen Anordnungen, welche die bürgerliche Gesellschaft trifft, zu unterwerfen«. Einfach getrieben von dem menschlich-allzumenschlichen Bedürfnis, »sich selbst zu erhalten und ein bequemes Leben zu führen«. Dafür aber musste jeder, wie Hobbes ausführt, seine »Macht oder Kraft einem oder mehreren Menschen übertragen, wodurch der Wille aller gleichsam auf einen Punkt vereinigt wird, so dass dieser eine Mensch oder diese eine Gesellschaft eines jeden einzelnen Stellvertreter werde und ein jeder die Handlungen jener so betrachte, als habe er sie selbst getan, weil sie sich dem Willen und Urteil jener freiwillig unterworfen haben«.

Gut und bejahenswert – sprich: sinnvoll – war das Leben eines Menschen nun also nicht mehr, wenn er dem Gebot Gottes gehorsam war, sondern wenn er dem Gebot der staatlichen Autorität folgte. Denn ihr – so Hobbes' Gedanke – hatte man sich um seines lieben Friedens willen zu unterwerfen. Sie hatte nunmehr dem Menschen zu sagen, was gut und böse sei. Der Machthaber wurde zum Garanten von Sinn und Unsinn. Wo einst die Zehn Gebote oder die Bergpredigt standen, da herrschten nun der Souverän und das Gesetzbuch. Das freilich ging den Denkern späterer Generationen zu weit. Denn zu häufig geschah es, dass dasjenige, was der »Staat« bzw. seine Repräsentanten für gut und sinnvoll erklärt hatten, den davon betroffenen Menschen so gar nicht bejahenswert erschien; dass man sich mithin nicht darauf verlassen konnte, als unerschütterliches Fundament des Lebens auf die »sinnvollen und bejahbaren« Weisungen des Gesetzgebers zu bauen.

Mit solchen Erwägungen wurde nach Hobbes eine zweite Runde der Moralkritik eingeleitet, bei der – ähnlich wie bei Leibniz' Reaktion auf Descartes – der gerade zum Haupteingang hinausgeschmissene liebe Gott durch den Hintereingang ins Denken und Sinnverständnis der Menschen zurückgebeten wurde. Und zwar unter einem raffinierten Decknamen: die »unsichtbare Hand«.

Vielleicht ist Ihnen bekannt, dass dieser Begriff aus der Feder von Adam Smith stammt – jenem britischen Denker, dem wir die Theorie des Marktliberalismus verdanken. Diese kühne Formel von der »unsichtbaren Hand« lässt sich aber genauso auf den politischen oder auch moralischen Liberalismus anwenden, der von einigen anderen Vordenkern in Englands nasskaltem Norden entwickelt wurde. John Locke ist hier zu nennen, ebenso Jeremy Bentham oder John Stuart Mill. Was all diese Männer vereint, ist ihr Optimismus: Sie folgten Hobbes in der Grundannahme, dass der Mensch der »Wolf des Menschen« sei (O-Ton Hobbes!). Sie meinten aber, das sei überhaupt nicht schlimm und man müsse die »Wölfe« keineswegs durch einen autoritären Staat an die Leine nehmen. Denn sie waren davon überzeugt, dass es – bei Lichte besehen – jedem Einzelnen und der Gesellschaft zugute käme, wenn die Menschen ihrem Egoismus ungebremst nachgingen. Naja, vielleicht nicht ganz ungebremst, denn eines erschien den britischen Optimisten dann doch notwendig.

Sie wollten die Menschen darüber aufklären, was ihre wahren und eigentlichen Interessen seien. Und sie wollten ihnen darlegen, wie es gelänge, diese effizient und kostensparend zu verwirklichen. Wären die Menschen nämlich nur erst so weit aufgeklärt und handelten dementsprechend, dann würden ihre Wünsche ganz von allein – hier kommt die »unsichtbare Hand« ins Spiel! – befriedigt; dann wäre ihr Leben ganz von allein bejahbar und gut; dann stellte sich ganz von allein der Sinn ihres Lebens ein.

Und nun wollen Sie wissen, wie dieses Spiel funktioniert? Ich will es Ihnen sagen. Locke war der Überzeugung, den Menschen ginge es am Ende vor allem um dreierlei: Freiheit, Wohlergehen und Wohlstand. Er war zudem der Überzeugung, dass diese Ziele am ehesten dann zu erreichen seien, wenn sich die Menschen zu einem demokratischen Gemeinwesen zusammenschließen. So wurde er zum »ersten großen Propheten der liberalen Demokratie«.

Adam Smith ging noch weiter. Er war der Überzeugung, der Wohlstand – um den es den Menschen so sehr ginge – lasse sich am ehesten verwirklichen, wenn der Handel möglichst wenig Regeln und Zwängen unterläge und eine freie Marktwirtschaft etabliert würde. So wurde er zum Propheten der liberalistischen Ökonomie. Für unser Thema ist jedoch am wichtigsten, wovon Jeremy Bentham und John Stuart Mill überzeugt waren. Diese Herren glaubten, die von Locke genannten Ziele und Wünsche des Menschen ließen sich unter einem einzigen Begriff zusammenfassen, nämlich *happiness* – Glück. Weshalb ihnen das Streben nach Glück, *pursuit of happiness,* das eigentliche Anliegen des Menschen zu sein schien, ein Gedanke, der sogar in die Verfassung der Vereinigten Staaten einging, die das Streben nach Glück – *pursuit of happiness* – als zu schützendes Menschenrecht anerkennt. Wie dem auch sei: Diese Philosophen vertraten den Standpunkt, das Leben des Menschen sei in exakt dem Maße gut, sinnvoll und bejahenswert, in dem es seinem einzig wahren Zweck und Nutzen dient: nämlich dem Glück. Wobei nicht unerwähnt bleiben soll, dass sie nicht müde wurden zu predigen, der Sinn und Zweck des menschlichen Lebens sei es nun gerade nicht, das eigene Privatglück zu befördern, sondern das größtmögliche Glück für die größtmögliche Menge von Bürgern sicherzustellen. Diesen Gedanken nannte Mill das Prinzip der Nützlichkeit, *principle of utility*, woher sich die Bezeichnung dieser Philosophie als Utilitarismus herleitet. Nach Bentham ist dieses Prinzip eines, »das schlechthin jede Handlung in dem Maß billigt oder missbilligt, wie ihr die Tendenz innezuwohnen scheint, das Glück der Gruppe, deren Interesse in Frage steht, zu vermehren oder zu vermindern«. Und er ergänzt: »Von einer Handlung, die mit dem Prinzip der Nützlichkeit übereinstimmt, kann man sagen, dass sie getan werden sollte«: Sie sei eine richtige Handlung und – wie ich ergänzen möchte – in eben diesem Sinne eine sinnvolle Handlung. Welche weitreichenden Folgen dieser Ansatz hatte, wird an einer Notiz von John Adams deutlich, einem der ersten amerikanischen Präsidenten. Er wendete in seinen *Gedanken über die Regierung* die utilitaristische Philosophie auf die Politik an: »Diejenige Regierungsform ist die beste, die am ehesten in der Lage ist, Behaglichkeit, Wohlergehen und Sicherheit [*ease, comfort, security*] – mit einem Wort: Glück – der größtmöglichen Zahl von Menschen im größtmöglichen Maße zu vermitteln.«

Nun galt als sinnvoll, was nützlich ist – was der Behaglichkeit, dem Wohlergehen und der Sicherheit diente. Und der Sinn des Lebens besteht für viele Menschen seither darin, sich nach dieser Maßgabe für das Gemeinwohl nützlich zu machen. Damit war der Keim für die dritte der eingangs skizzierten Sinnerwartungen gelegt: Der englische Utilitarismus brachte die Gleichsetzung von sinnvoll und nützlich bzw. von Sinn und Zweck in die Welt.

Dieses Denken ist mächtig. Bis heute. Nicht zufällig nennt unsere Sprache »Sinn und Zweck« gern in einem Atemzug. Denn allenthalben suchen Millionen Menschen Sinn und Erfüllung darin, sich nützlich zu machen. Ich habe von einer Frau gelesen, die unbedingt nach ihrem Tod ihre Organe spenden wollte, um auf diese Weise wenigstens einmal von Nutzen gewesen zu sein. »Kann ich mich irgendwie nützlich machen?«, fragt, wer danach strebt, in den Augen anderer und vor sich selbst bejahbar zu sein. Und wer den Sinn seines Tuns erläutern will, der verweist gerne auf Ziel und Zweck, die er damit erreichen wollte. Sinnvoll leben, so die Doktrin, heißt sich in den Dienst einer höheren Sache stellen; was sich in ungetrübter Klarheit immer dort zeigt, wo heroische Lebensmodelle propagiert werden: der Tod für das Vaterland, das Martyrium für die Kirche, das Sich-Aufopfern für Mann und Familie. Der Zweck heiligt gar zu gern die Mittel, wenn das Sinnvolle mit dem Zweckmäßigen identifiziert wird. Wo solches Denken Triumphe feiert, da wird Effizienz zu einer Tugend für sich – völlig ungeachtet dessen, wem diese Effizienz dient. Hauptsache, man hat sich nützlich gemacht.

Sie ahnen, wo das Problem liegt? Genau. Es liegt da, wo vor lauter Effizienz aus dem Blick gerät, ob der Zweck, dem man sich nützlich erweisen möchte, überhaupt sinnvoll ist. Und dieser Umstand war es auch, der die Kritiker des Utilitarismus auf den Plan rief. Allen voran Immanuel Kant, der nur ein solches Leben für sinnvoll erachtete, das nach Maßgabe der Gebote der Moral gutzuheißen wäre.

Mensch, es ist dir gesagt, was gut ist!
Die Gleichsetzung von sinnvoll und gut

Dass der Sinn und Zweck des Lebens darin liegen könnte, glücklich zu sein und sich in Wohlstand, Bequemlichkeit und Wohlergehen zu aalen, ging dem Ostpreußen Kant völlig gegen den Strich. Viel zu weich schienen ihm diese Faktoren, als dass man *happiness* zum Maß aller Dinge erklären könne. Viel zu sehr hing ihm das an den subjektiven und zufälligen Glückserwartungen der Menschen, was nach utilitaristischen Vorstellungen den Sinn des Lebens ausmachen sollte. Nein, damit wollte er sich nicht abfinden. Er suchte ein besseres, verlässlicheres Fundament für ein gutes und sinnvolles Leben. Aber woher sollte er es nehmen? Gott hatte als moralischer Gesetzgeber zu viel Kredit eingebüßt. Zu ihm führte kein Weg zurück. Als Sinngarant war er aus dem Rennen. Aber das hieß für Kant mitnichten, dass es unmöglich sei, ein absolutes, verlässliches, ewiges, bleibendes Maß aller Dinge zu finden. Im Gegenteil. Jetzt war der Weg frei, um endlich dem wahren Maß aller Dinge – ungetrübt von aller metaphysisch-theologischen Verzerrung – in die Augen zu sehen: dem »moralischen Gesetz in mir«.

Wie die alte Moral funktioniert hatte, haben wir uns schon angeschaut. Erinnern Sie sich? Drei Ingredienzien brauchte es für diesen Trank: 1. Ein absolutes, objektives, göttliches, zeitlos-gültiges Gebot, dem Gehorsam zu leisten das Leben gut, bejahbar und sinnvoll macht. 2. Ein freies, selbstverantwortliches, entscheidungsfähiges Subjekt, in dessen Verantwortung es steht, sich für oder gegen den Gehorsam zu entscheiden und entsprechend sinnvoll, bejahbar und gut zu leben – oder sinnlos und böse. 3. Eine absolut verbindliche und unzweifelhafte Autorität, die darüber zu entscheiden hat, ob jemand sich wahrhaft gehorsam und treu dem Gesetz verpflichtet oder nicht.

In der alten Moral der jüdisch-christlichen Tradition waren die Rollen wie folgt vergeben: Das absolut verbindliche Gebot (1) hatte Gott offenbart: »Es ist dir gesagt, Mensch, was gut ist ...« Der freie und verantwortliche Adressat dieses Gebotes (2) war der Mensch, der – aus welchen Gründen auch immer – frei war, sich für oder gegen das Gebot zu entscheiden; gehorsam zu sein oder nicht. Und derjenige, der das menschliche Treiben auf seine Bejahbarkeit oder Verneinbarkeit hin befragte (3), war Gott als Weltenrichter, dem es dann auch oblag zu urteilen, wessen Lebenssinn sich in einer himmlischen Welt erfüllen und wer ewig fern des Sinns (der Bejahbarkeit) in der Hölle schmoren sollte.

Nun lag, als Kant zu Königsberg die Feder spitzte, Gott bereits im Sterben, und nicht nur die Briten hatten versucht, eine neue Autorität (z.B. den Leviathan oder den Zweck des größtmöglichen Glücks für die größtmögliche Menge) an seine Stelle zu rücken. Kant fand all das zum Kotzen, weil diese neuen Garanten des Sinns am Ende allzu abhängig waren von so unsteten Faktoren wie Menschenmacht und Menschenmeinung. Nein, es brauchte ein wahrhaft verlässliches Fundament des Lebens – eines, das des Lebens Sinn tatsächlich verbürgte. Und seine Suche führte ihn genau dorthin, wo auch schon Descartes mit seinem methodischen Zweifel gelandet war: zur Vernunft. Ja, zur Vernunft. Auf sie allein war Verlass. Denn nur was vernunftgemäß war, konnte Vernunftwesen nachhaltig überzeugen. Nur was vernünftig einsehbar war, konnte den Anspruch auf Wahrheit erheben. Also musste der Sinn des Lebens aus der menschlichen Vernunft herzuleiten sein. Deshalb hieß es, die Vernunft so gründlich unter die Lupe zu nehmen – einer, in Kants Sprache, so gründlichen Kritik zu unterziehen –, bis sie aus sich heraus preisgeben würde, was das Leben gut, bejahbar und sinnvoll macht.

So etwa könnte man Kants großangelegtes Projekt einer »Metaphysik der Sitten« beschreiben – einer Moralphilosophie, die sich anschickte, durch eine minutiöse Selbstreflexion der Vernunft ein absolutes Sittengesetz zu entdecken, das für alle Vernunftwesen mit eben der Verbindlichkeit und Autorität gilt, die vordem vom Gebot Gottes behauptet wurde. Die Qualität des menschlichen Daseins sollte sich danach richten, inwieweit ein Mensch sich aus freien Stücken auf dieses Gesetz verpflichten wollte. Nicht mehr der Wille zum Gehorsam gegen Gott erschien Kant als Garant eines sinnvollen Lebens, sondern der Wille zum Gehorsam gegen dieses Sittengesetz der reinen praktischen Vernunft. Und so konnte er zum Eingang seiner *Grundlegung zur Metaphysik der Sitten* schreiben: »Es ist überall nichts in der Welt, ja überhaupt auch außer derselben zu denken möglich, was ohne Einschränkung für gut könnte gehalten werden, als allein ein guter Wille.« Das heißt: Wenn etwas unserem Leben Sinn gibt und uns erlaubt, »Ja« zu ihm zu sagen, dann ist es unser Wille zum Guten. Der Wille zum Sinn geriet bei Kant zum Willen zum (moralisch) Guten.

Aber was ist das Gute? Wie füllt sich dieser Begriff mit Inhalt, wenn kein Gott mehr da ist, der sagt: »Du sollst ...«? Es würde zu weit führen, an dieser Stelle die verschlungenen Wege von Kants Moralphilosophie nachzuzeichnen, und es ist für unseren Zusammenhang auch nicht so wichtig. Wichtig ist, dass bei Kant unterm Strich herauskommt, dass der Sinn des Lebens darin besteht, sein ganzes Wollen auf das zu lenken, was er den »kategorischen Imperativ« nannte – diejenige Handlungsanweisung, die sich aus der Selbstdurchleuchtung der praktischen Vernunft mit zwingender Notwendigkeit herleiten lässt: »Handle nur nach derjenigen Maxime, durch die du zugleich wollen kannst, dass sie ein allgemeines Gesetz werde.« Oder auch: »Handle so, als ob die Maxime deiner Handlung durch deinen Willen zum allgemeinen Naturgesetze werden sollte.«

Sinnvoll, würde Kant wohl sagen, ist ein Leben nur dann, wenn es diesem Imperativ der Vernunft folgen will; wenn wir uns unserer Würde würdig erweisen, die in nichts anderem gründet als darin, vernünftig zu sein. Einen Gott als Gesetzgeber braucht es dafür nicht mehr. Und an die Stelle so unzuverlässiger menschlicher Ersatzgötter wie dem autoritären Staat oder dem Prinzip der Nützlichkeit (oder der unsichtbaren Hand des Marktes) konnte Kant mit berechtigtem Stolz das unverbrüchlich-absolute Gesetz setzen, das die Vernunft selbst diktiert hatte. So kam in seiner Philosophie die bislang erfolgreichste Strategie der Sinnstiftung zu ihrer Vollendung: die Moral. Gleichzeitig trieb er das auf die Spitze, was ich die Gleichsetzung von sinnvoll und gut nenne. Denn nun konnte man den Sinn seines Lebens auch dann noch in einem moralisch guten, integren und bejahbaren Leben verorten, wenn die absoluten und unerschütterlichen Kriterien für dessen Gut-Sein nicht mehr von Gott gemacht, sondern aus der Vernunft hergeleitet waren. Und dieses Verständnis von einem sinnvollen Leben ist – ob bewusst oder nicht – bis heute ungebrochen präsent.

Machen Sie die Probe: Fragen Sie Ihre Freunde und Bekannten, wovon sie sich den Sinn ihres Lebens versprechen. Wieder und wieder werden Sie hören: »Mein Leben macht Sinn, wenn ich etwas Gutes tue! Sinnvoll finde ich, anderen zu helfen! Ich will unbedingt etwas Vernünftiges tun!« Wer so spricht, ist ein Erbe Kants. Und wer darüber hinaus zu sagen wagt: »Mein Leben ist genau dann sinnvoll, wenn ich den Willen Gottes tue und seinem Gebot gehorsam bin«, der ist sogar in der alten Welt der moralischen Identifikation von sinnvoll mit gut zu Hause.

Was fangen wir nun mit all diesem Wissen an? Ich höre Sie schon sagen: »Hatten Sie, lieber Herr Quarch, nicht behauptet, diese traditionellen Deutungen von Sinn, diese klassischen Sinnerwartungen, sie wären Gedankenmüll? Warum dann so viel Aufhebens um sie?« – Naja, weil ich tatsächlich meine, dass keine der bis hierhin rekonstruierten drei Sinn-Deutungen uns eine schlüssige Erklärung dafür gibt, was Viktor Frankl erlaubte, an jenem grauen Wintermorgen trotzdem »Ja!« zum Leben zu sagen. Weil dieses »siegreiche ›Ja!‹« nun einmal nicht daran hing, dass er plötzlich die verborgene Bedeutung oder Bestimmung seines Daseins erkannt hätte. Auch nicht daran, dass er sich nützlich machte und sein Leben als zweckdienlich erfuhr, oder dass er sich seines guten Willens oder Gehorsams gegenüber Gott und Sittengesetz bewusst wurde. Und weil es trotzdem das Zeug und Potenzial hatte, ihn am Leben zu halten – nicht mehr und nicht weniger.

Was aber nicht heißt, dass die genannten drei Typen der Sinnerwartung oder Sinnsuche falsch oder unsinnig wären. Anders als Nietzsche – wie wir gleich sehen werden – glaube ich das nicht. Im Gegenteil: Sie sind durchaus hilfreich, wenn es darum geht, sich selbst besser zu verstehen – sich selbst zu verorten oder Orientierung fürs eigene Leben zu gewinnen. So ist es sicher nicht vergebens, sich darum zu bemühen, im moralischen Sinne ein guter Mensch zu sein. Es ist auch gewiss nicht unnütz, wenn man die Bereitschaft aufbringt, sich bestimmten Zwecken und Zielen zu unterwerfen. Ebenso kann die Frage nach der individuellen Bestimmung die eigene Persönlichkeitsentfaltung beflügeln. So gesehen will ich das alles nicht schlechtreden. Und wenn Sie an einen Schöpfergott glauben, der Ihrem Leben eine bestimmte Bedeutung eingeschrieben hat, dann will ich Ihnen den Glauben nicht nehmen. Wer weiß, vielleicht ist es ja wirklich so.

Meine einzige Sorge ist, dass diese Modelle von Sinnstiftung und Sinnvermittlung in ihrer Reichweite beschränkt sind; und deshalb Gefahr laufen, uns in den entscheidenden Momenten des Lebens im Stich zu lassen. Ja, ich fürchte, dass in Situationen radikalen Zweifels, tiefgreifender Krisen oder ultimativer Sinnlosigkeit (wie Viktor Frankl sie im KZ ertragen musste) Fragen aufsteigen könnten wie: Und was, wenn es keinen Gott gibt? Was, wenn er mir keine Bedeutung gegeben hat? Oder: War es denn wirklich sinnvoll, das größte Glück für die größte Menge anzustreben? Lag der Sinn dieses Lebens wirklich in *ease, comfort and security*? Oder: War es wirklich sinnvoll, immer vernünftig zu sein? Wäre es nicht sinnvoller gewesen, meinen Emotionen und Instinkten zu folgen? Ich fürchte, solche Fragen könnten den Boden unter unseren Füßen ins Wanken bringen. Dann drohten Verzweiflung und Resignation, Sinnfinsternis und existenzielles Vakuum.

Deshalb möchte ich mit Ihnen weitersuchen und mich in aller Wertschätzung für die klassischen Sinnfindungsstrategien nun dem vierten, eingangs angesprochenen Modell der Sinnsuche zuwenden, das ich bislang unterschlagen habe. Es geht zurück auf den Denker, den wir bereits mehrfach lachen hörten: Nietzsche. Denn Nietzsche fand all das, was ich Ihnen bisher vorgestellt habe, fürchterlich. All das war ihm Gift und Lüge und Heuchelei. Weil aber auch er nicht darauf verzichten wollte, eine Antwort auf die Frage nach dem Sinn zu finden, nahm er die ungeheuerliche Aufgabe auf sich, erst seinen philosophischen Hammer kreisen zu lassen und all diese alten Gespenster zu zerschlagen, um dann darzulegen, wie seiner Ansicht nach der Sinn in die Welt gekommen ist – und immer aufs Neue kommen wird: durch unseren Willen zur Macht!

Zweites Zwischenspiel im Himmel

Kaum dass Nietzsche sein »Was gehen mich noch Götter an!« in die unendlichen Weiten des ortlosen Ortes hinausgebrüllt hatte, da erschienen sie vor ihm. Ein glänzender Anblick, der ihm fast die Sinne geraubt hätte. Kant neben ihm erschrak und schien zur Salzsäule erstarrt. Gesenkten Hauptes blickte er auf den Boden. Nietzsche blieb dieser Ausweg verwehrt, denn mit elegantem Schwung trat ein junger und dynamischer Herr in einem eleganten Boss-Anzug auf ihn zu, reichte ihm die Hand und sagte mit jovialer Stimme und lächelnden Auges: »Herr Nietzsche?«

»Ja«, stammelte der solcherart Angesprochene, »habe die Ehre.«

»Ganz meinerseits, ganz meinerseits«, erwiderte der sehr geschäftsmäßig wirkende Herr. »Darf ich Ihnen meine Kollegen vorstellen. Hier, zu meiner Rechten, Apollon, Gott der Ordnung, Heilkunst, Musik, des Schönen und Guten und so weiter.«

Kant versuchte den Blick zu heben, kam aber nicht höher als bis zu den nackten Knien des Gottes, denn er fürchtete, dass dieser komplett unbekleidet sein würde, was ihm die Schamesröte ins Gesicht steigen ließ. Nietzsche war mutiger. Auch er scheute den Blick auf die Taille des Gottes, doch schaute er ihm in die strahlenden Augen, fühlte sich aber augenblicklich unbehaglich, weil aus der tiefsten Tiefe seines Herzens eine Stimme zu ihm flüsterte: »Fritzle, du musst dein Leben ändern.«

So war er erleichtert, dass der Anzugträger ihn erlöste, indem er seinen Blick zu einem anderen Herrn lenkte. »Dionysos«, sagte er, »Gott des Rausches, der Auflösung, des Chaos, der Orgien, des Weins und was sonst noch so dazugehört«, fügte er mit einem Anflug von Verächtlichkeit hinzu.

Der solcherart Vorgestellte ließ sich freilich nicht aus der Ruhe bringen, ergriff Nietzsches Hand und sagte freundlich: »Schön, dass wir uns endlich kennenlernen, Herr Nietzsche, ich habe viel von Ihnen gehört.«

Sichtlich geschmeichelt verbeugte sich Nietzsche ehrfurchtsvoll vor dem majestätischen Mann. »Oh Danke«, stieß er hervor, »das ehrt mich, weiß ich mich doch einer Ihrer Jünger zu sein.«

Kant indessen blieb in seiner Schockstarre, die sich zu einem vollkommenen Zusammenbruch ausweitete, als der charmante Herr im Anzug die Philosophen auf die Vierte im Götterbunde aufmerksam machte. Kants Auge scheiterte bereits an deren großem Zeh, an dem ein diamantbesetzter goldener

Reif blinkte, der dem Denker augenblicklich die Sinne nahm. Auch Nietzsche kam nicht weiter als bis zum Knöchel, denn als er den Namen »Aphrodite« vernahm und ihr Begleiter betont lässig etwas von »Göttin der Liebe, Schönheit etc.« raunte, da ahnte er wohl, dass sie gänzlich nackt vor ihm stand, so dass er es vorzog, den Marmorboden anzustarren.

»Ich selbst heiße Hermes«, schloss der Anzugträger die Vorstellungsrunde, »Gott der Kaufleute, Diebe, Wegelagerer, zuständig auch für Handel, Börse, Internet, Verkehrswege und all das ganze Gedöns, neuerdings auch in der Logistikbranche tätig. Ich will mich kurzfassen. Denn meine Zeit ist knapp. Bin ziemlich im Stress. Schließlich dreht sich die ganze Welt da unten um mich. Und wie mir scheint, mein Freund«, während er dies sagte, richtete er drohend seine Zeigefinger auf Nietzsche, »bist du schuld daran.«

»Ich?« Nietzsche schluckte. »Aber warum das? Etwa weil ich Sie für tot erklärt habe? Aber nicht doch, das war doch nicht so gemeint! Schauen Sie«, und er zog ein zerfleddertes Buch aus seiner Rocktasche, »hier habe ich es geschrieben. Hören Sie: ›Das, was an der Religiosität der alten Griechen staunen macht, ist die unbändige Fülle von Dankbarkeit, welche sie ausströmt: Es ist eine sehr vornehme Art Mensch, welche so vor der Natur und dem Leben steht!‹«

»Ruhig Blut, junger Freund, nicht deshalb bin ich hier. Nein, nicht weil du uns für tot erklärt und unsere Verehrer verspottet hast, will ich mit dir reden, sondern weil ich mich für diesen ›Willen zur Macht‹ interessiere, den du erfunden hast. Was hast du dir eigentlich dabei gedacht, hm?«

Nietzsche wusste nicht recht, was er davon halten sollte, aber da Hermes ihn erwartungsvoll anschaute und die anderen drei Himmlischen ihn ebenfalls taxierten, blieb ihm wohl nichts anderes übrig, als sich zu erklären. »Nun ja, äh«, er zupfte sich am Walrossbart, »einst warf ich meinen Wahn jenseits des Menschen, gleich allen Hinterweltlern. Aber ach, dieser Gott, den ich schuf, war Menschen-Werk und -Wahnsinn, gleich allen Göttern! Mensch war er, und nur ein armes Stück Mensch und Ich: aus der eigenen Asche und Glut kam es mir, dieses Gespenst, und wahrlich! Nicht kam es mir von jenseits!«

»Hm«, sagte Hermes.

»Da begriff ich, dass Gott eine Mutmaßung ist«, fuhr Nietzsche fort, »von Menschen erdacht, von Menschen erschaffen; eine arme unwissende Müdigkeit, die nicht einmal mehr wollen will: die schuf alle Götter und Hinterwelten. Der Leib, so wurde mir klar, war's, der an der Erde verzweifelte – der hörte den Bauch des Seins zu sich reden. Aber der Bauch des Seins redet gar nicht zum Menschen, es sei denn als Mensch.«

Hermes nickte.

»Ich aber wollte der Erde treu bleiben. Wollte mich nicht in Hinterwelten fliehen. Wollte verstehen, was den Menschen bewegt hatte, sich Götter zu schaffen. Wollte erkennen, was diesen Wahn hervorgebracht hatte, der ihn Götter erfinden ließ. Und woher diese Müdigkeit rührte, die ihn zum Verächter der Erde und des Leibes werden ließ. Also ging ich dem Lebendigen nach. Ich ging die größten und die kleinsten Wege, dass ich seine Art erkenne. Mit hundertfachem Spiegel fing ich noch seinen Blick auf, wenn ihm der Mund verschlossen war: dass sein Auge mir rede. Und sein Auge redete mir. Hört mir nun mein Wort, ihr Weisesten«, und Nietzsches Blick wandte sich angstvoll zu Apollon, »prüft ernstlich, ob ich dem Leben selber ins Herz kroch und bis in die Wurzeln seines Herzens! Wo ich Lebendiges fand, da fand ich Willen zur Macht; und noch im Willen des Dienenden fand ich den Willen, Herr zu sein.«

»Verstehe«, ließ Hermes sich vernehmen.

Derart ermutigt, fuhr Nietzsche fort: »Nun ja, und so dämmerte mir, dass alles, was die Philosophen als Wahrheit, als Werte, als Moral gepriesen hatten, nichts anderes war, als das Werk ihres Willens zur Macht. Es gibt Moralen, welche ihren Urheber vor Anderen rechtfertigen sollen; andere Moralen sollen ihn beruhigen und mit sich zufrieden stimmen; diese Moral dient ihrem Urheber, um zu vergessen; jene, um sich oder etwas von sich vergessen zu machen; und mancher Moralist möchte an der Menschheit Macht und schöpferische Laune ausüben – gleichviel, immer dient die Moral ihrem Schöpfer dazu, sich selbst zu rechtfertigen. Dafür wurde sie geschaffen, und dafür log und bog sich der Mensch seine Werte zurecht.«

»Verstehe«, brummte Hermes erneut.

»Nehmen wir nur das Christentum«, fuhr Nietzsche, nun immer kühner werdend, fort, »es waren Sklaven und Unfreie, Leidende und Unterdrückte, die sich ihm anschlossen, um auf diese Weise an Rom und seiner vornehmen und frivolen Toleranz Rache zu nehmen. Deshalb propagierten sie eine Umwertung aller antiken Werte. Ich dachte: ›Gesetzt, dass die Vergewaltigten, Gedrückten, Leidenden, Unfreien, Ihrer-selbst-Ungewissen und Müden moralisieren: Was wird das Gleichartige ihrer moralischen Wertschätzungen sein?‹ Wahrscheinlich wird ein pessimistischer Argwohn gegen die ganze Lage des Menschen zum Ausdruck kommen, vielleicht eine Verurteilung des Menschen mitsamt seiner Lage. Nun werden die Eigenschaften hervorgezogen und mit Licht übergossen, welche dazu dienen, Leidenden das Dasein zu erleichtern: Hier kommt das Mitleiden, die gefällige hilfsbereite Hand, das warme Herz, die Geduld, der Fleiß, die Demut, die Freundlichkeit zu Ehren –, denn das sind die nützlichsten Eigenschaften und beinahe die einzigen Mittel, den Druck des Daseins auszuhalten. So verriet sich mir der Wille zur Macht selbst da noch, wo er sich hinter den Masken der Frommen und Mitleidigen versteckt hatte. Und mich dünkte, dass es keine Moral und keine Wahrheit und keine Werte gibt, die nicht Menschenwerk und die Maske seines Willens sind.«

»Weiter.« Hermes schien wirklich interessiert.

»Und also schloss ich: Schaffen – das ist die große Erlösung vom Leiden und des Lebens Leichtwerden. Wollen befreit, und also ehre ich meinen schaffenden Willen. Neue Werte zu schaffen, das ist's, was ich darum die Menschen lehrte. Werte, die nicht grausam sind gegen das Leben, so wie es die Werte des Christentums waren. Werte, die nicht aus Müdigkeit und Überdruss am Leben geschaffen wurden, sondern aus Übermut und Schöpferfreude. Über sich hinaus zu schaffen, hieß ich die Menschen. Sich selbst zu überwinden, hielt ich sie an. Daher lehrte ich sie den Übermenschen. ›Der Übermensch ist der Sinn der Erde‹, rief ich ihnen zu. Und: ›Euer Wille sage: Der Übermensch sei der Sinn der Erde!‹ Euer Wille zur Macht mache den Übermenschen zum Sinn der Erde. Denn woher sonst sollte ein Sinn sich zeigen, da doch Gott tot und die Hinterwelten zertrümmert sind?« Dann schwieg Nietzsche, und Stille erfüllte den ortlosen Ort.

Schließlich räusperte sich Hermes: »Wohlan, mein Freund«, sprach er, »es ist wohl wahr: Du bist dem Leben ins Herz gekrochen. Aber mit verschattetem Blick. Nein, wahrlich, du sahst dort nur, was du sehen konntest – oder von mir aus«, und dabei zwinkerte er Nietzsche zu, »was du sehen *wolltest*. Erinnere dich: Wen erblicktest du im Herz des Lebens? Meinen Bruder Ares sahst du dort. Denn wahrlich: Der kennt sich aus mit Dienen und Befehlen. Der hat Spaß an Kampf und Streit. Der freut sich am Willen zur Macht. Und meiner Schwester Athena hast du auf ihren schönen Hintern geschaut, hm?«, grinste er Nietzsche an. »Ja, die versteht sich aufs Machen – auch von Werten, auch von Wahrheit, ja, ja, das kann sie wie keine andere. Den da«, und dabei zeigte er auf Dionysos, »hast du auch gesehen, und wir Himmlischen sind uns darüber einig, dass du dir einige Verdienste damit erworben hast, ihn wieder zu Ehren zu bringen. Naja, und mich hast du wohl auch gesehen – mich, den Flinken, den Schnellen, den Leichtfuß –, den Herrn all derer, die es gern bequem und leicht haben; mich, der Freude an kühnen Geschäften und munteren Machtspielen hat. Aber«, er neigte sich zu Apollon, »diesen da, Freundchen, den hast du dir nicht gut genug angeschaut. Der hat noch ein Hühnchen mit dir zu rupfen. Das war ein Fehler, das kannst du mir wohl glauben. Denn vor ihm erheben sich selbst Götter, wenn er in ihre Mitte tritt. Und komm mir bloß nicht mit deinem ›Apollinischen‹ – ha, ein matter Abklatsch der Macht meines Bruders ist's, womit du da seinen Namen beschmutztest. Dein Traumgespinst war's, aber nicht ein Gott. Doch gleichviel, er hat's dir verziehen. Er schon, aber nicht *sie*. Denn was am schlimmsten wiegt, Herr Nietzsche!«, und nun blitzte ein heiliger Zorn in seinen funkelnden Augen, »meine liebe Schwester Aphrodite hast du noch nicht einmal angeschaut. Hast sie ignoriert. Und tust es noch immer. Das war feige. Das war nicht klug, Herr Philosoph! Denn ganz im Vertrauen: Ohne je ihre Nacktheit geschaut zu haben, wird dein Wille zur Macht ein Gelächter oder eine schmerzliche Scham. Eine kecke Onanie, so heiße ich ihn. Und dass ein jeder nun meint, es sich selbst machen zu müssen, dass dies Unheil auf Erden wütet, mein Freund – das muss ich leider auch dir ankreiden.« Hermes schwieg, und Nietzsche schluckte.

Vom Sinn der Erde und einem (post)modernen Versuch, sich das Leben schön zu machen

Da capo!

Schaffen, wollen, sinnvoll sein – Nietzsches Projekt Übermensch

Was also ist der Sinn des Lebens? Wie lässt sich deuten, was uns trägt – auch dann noch, wenn Finsternis uns umhüllt und kalte Verzweiflung nach der Seele greift? Was ist das für ein »Ja!«, das Viktor Frankl einst entgegenstrahlte? Wo kommt es her, und wie können wir es finden? Kann es überhaupt gefunden werden? Frankl sagt: Ja, es kann sogar nur gefunden werden. Aber dort, wo wir bislang nach ihm suchten, haben wir es nicht gefunden. Wohl fanden wir ein kleines »Ja«, das uns da begegnet, wo wir meinen, moralisch gut zu leben, nützlich zu sein oder unserer Bestimmung zu folgen. Doch hatten wir Zweifel, ob dieses kleine »Ja« uns wirklich trägt. Denn Frankls jubelndes großes »Ja!« klang doch gänzlich anders.

Nietzsche war das alles suspekt. Nicht das große »Ja!« Frankls, aber doch all die alten Sinnfindungsstrategien und Sinnerwartungen, die wir uns bislang angeschaut haben. Für ihn war klar: Das alles taugt gar nichts. Dafür hatte er nur Spott übrig. Ihm war das alles »Metaphysik«, weil es auf einen Gott verweist, den es, wie er meinte, nicht gibt – oder auf Ersatzgötter, die ebenso wie der alte Gott der Christenheit bei näherer Betrachtung nichts anderes sind als Menschenwerk: Projektionen und Fantasien. Geschaffen von Menschen, die unter Leib und Leben litten; erfunden, um sich das Leben erträglich zu machen; gemacht von Menschen, die ihrem Leib und Leben möglichst rasch entkommen wollten und sich deshalb ein Jenseits schufen, wo sie hofften, dass sich zuletzt – frei von Leid und Last – der Sinn ihres Lebens erfüllen würde.

Nietzsche hielt dagegen. »Ich beschwöre euch, meine Brüder, bleibt der Erde treu«, ließ er seinen Zarathustra predigen, »und glaubt denen nicht, welche euch von überirdischen Hoffnungen reden! Giftmischer sind es, ob sie es wissen oder nicht. Verächter des Lebens sind es, Absterbende und selber Vergiftete, deren die Erde müde ist: so mögen sie dahin fahren!« Gegen diese Giftmischer bezog Nietzsche Stellung. In scharfem Kontrast zu allen Theologen und Metaphysikern sah er sich als »Fürsprecher des Lebens«, als »Fürsprecher des Leidens« und als Fürsprecher des Leibes. »Leib bin ich ganz und gar, und Nichts außerdem; und Seele ist nur ein Wort für ein Etwas am Leibe«, predigte er. Ja, als Fürsprecher des Diesseits sah er sich, und folglich konnte der Sinn des Lebens für ihn nicht aus irgendeinem Jenseits, von irgendeinem Gott oder aus irgendeinem fernen Himmel zu ihm kommen. Nein, der Sinn des Lebens konnte für ihn nichts anderes sein als der »Sinn der Erde«: »Eure schenkende Liebe und eure Erkenntnis diene dem Sinn der Erde! Also bitte und beschwöre ich euch«, lässt er seinen Zarathustra in der Rede *Von der schenkenden Tugend* sagen. Und weiter: »Führt, gleich mir, die verflogene Tugend zur Erde zurück – ja zurück zu Leib und Leben: dass sie der Erde ihren Sinn geben, einen Menschen-Sinn. [...] Euer Geist und eure Tugend diene dem Sinn der Erde, meine Brüder: und aller Dinge Wert werde neu von euch gesetzt! Darum sollt ihr Kämpfende sein! Darum sollt ihr Schaffende sein!«

Was meint Nietzsche damit? Er will sagen: Es gibt keinen Sinn, der gefunden werden kann. Wenn schon Sinn, dann müssen wir ihn selber machen. Und zwar als »Sinn der Erde« – als einen Sinn, der bodenständig ist, weil er der Realität entspricht, dass dieses Leben ein irdisches, vergängliches, leibliches Leben ist. Und vor allem: dass wir der Wahrheit des Lebens nur dann Genüge tun, wenn wir es in seiner Leiblichkeit, Vergänglichkeit und Zerbrechlichkeit bejahen; wenn wir uns zu Fürsprechern des Leidens machen und uns nicht mit der verlogenen, wenn auch tröstenden Illusion eines leidfreien Lebens im Jenseits aus dem Diesseits davonstehlen. Als Sinn der Erde muss der Mensch sich den Sinn seines Lebens schaffen – erkämpfen.

Doch dafür muss er aufräumen mit all dem Unsinn, den Philosophen und Religionen bislang predigten. »Immer vernichtet, wer ein Schöpfer sein muss«, sagt Nietzsche. Immer muss Altes überwunden werden, damit ein neuer Sinn als Sinn der Erde geschaffen werden kann. Und solche, die dies zuwege bringen – solche, die die Ketten der alten Sinnverheißungen, Wertsetzungen oder

Wertschätzungen sprengen und sich selbst *über*winden –, solche nannte er »Übermenschen«. »Der Übermensch ist der Sinn der Erde. Euer Wille sage: der Übermensch sei der Sinn der Erde!« lässt er Zarathustra rufen. Was so viel heißt wie: Wenn ihr den Sinn des Lebens wollt – wohlan, so werdet Übermenschen: so setzt die Werte neu! Setzt sie so, dass ihr das Leben bejaht, das Leiden bejaht, den Leib bejaht, die Endlichkeit bejaht!

»Tot sind alle Götter: nun wollen wir, dass der Übermensch lebe!« Das ist Nietzsches Programm der Sinnstiftung! Das ist es, was er dem Christentum und dem Platonismus, ebenso aber auch dem Buddhismus und der Philosophie Schopenhauers entgegenschleuderte – diesen, wie er sagte, »weltverneinendsten aller möglichen Denkweisen«; weil sie all denen Recht geben, »welche am Leben wie an einer Krankheit leiden und es durchsetzen möchten, dass jede andere Empfindung des Lebens als falsch gelte und unmöglich werde«. Diesen großangelegten Verneinungsstrategien, deren Perversion für Nietzsche darin bestand, den Sinn des Lebens ausgerechnet in der Ablehnung des Lebens zu predigen, ihnen schleuderte er sein so ganz anderes Ideal entgegen: »das Ideal des übermütigsten, lebendigsten und weltbejahendsten Menschen, der sich nicht nur mit dem, was war und ist, abgefunden hat, sondern es, so wie es war und ist, wieder haben will, in alle Ewigkeit hinaus, unersättlich da capo rufend, nicht nur zu sich, sondern zum ganzen Stücke und Schauspiele, und nicht nur zu einem Schauspiele, sondern im Grunde zu dem, der gerade dies Schauspiel nötig hat – und nötig macht: weil er immer wieder sich nötig hat und nötig macht.« Will sagen: zu sich selbst.

Damit ist Nietzsches Projekt einer Lebenskunst entworfen: einer Lebenskunst, der es nur um eines geht: das Leben zu bejahen, »da capo« zu sich und zur Welt im Ganzen zu rufen, »noch einmal«, immer wieder. Das ist eine Lebenskunst, die ein solch tiefes und tragendes »Ja!« auf die Lippen des Menschen zaubert, dass es selbst der schwersten Prüfung standhält, der Nietzsche meinte, es unterziehen zu müssen, um seine Echtheit zu prüfen – der Prüfung durch den Gedanken der ewigen Wiederkehr. Von ihr handelt der Abschnitt 341 seiner *Fröhlichen Wissenschaft*:

> »Das größte Schwergewicht. – Wie, wenn dir eines Tages oder Nachts ein Dämon in deine einsamste Einsamkeit nachschliche und dir sagte: ›Dieses Leben, wie du es jetzt lebst und gelebt hast, wirst du noch einmal und noch unzählige Male leben müssen; und es wird nichts Neues daran sein, sondern jeder Schmerz und jede Lust und jeder Gedanke und Seufzer und alles unsäglich Kleine und Große deines Lebens muss dir wiederkommen, und Alles in derselben Reihe und Folge – und ebenso diese Spinne und dieses Mondlicht zwischen den Bäumen, und ebenso dieser Augenblick und ich selber. Die ewige Sanduhr des Daseins wird immer wieder umgedreht – und du mit ihr, Stäubchen vom Staube!‹ – Würdest du dich nicht niederwerfen und mit den Zähnen knirschen und den Dämon verfluchen, der so redete? Oder hast du einmal

> einen ungeheuren Augenblick erlebt, wo du ihm antworten würdest: ›du bist ein Gott und nie hörte ich Göttlicheres!‹ Wenn jener Gedanke über dich Gewalt bekäme, er würde dich, wie du bist, verwandeln und vielleicht zermalmen; die Frage bei Allem und jedem ›willst du dies noch einmal und noch unzählige Male?‹ würde als das größte Schwergewicht auf deinem Handeln liegen! Oder wie müsstest du dir selber und dem Leben gut werden, um nach Nichts mehr zu verlangen, als nach dieser letzten ewigen Bestätigung und Besiegelung?«

Das Ideal des übermütigsten, lebendigsten und weltbejahendsten Menschen – es ist dann verwirklicht, wenn der Mensch diesem schwergewichtigen Gedanken standhält: »Alles kommt genauso wieder, wie es jetzt ist!« Denn nur dann wird sein »Ja!« zum Leben und sein »Ja!« zum Leiden so tief und fest sein, dass es auch in den finstersten Stunden Bestand hat. Diese Festigkeit und Tiefe wird der Mensch nur erlangen, wenn er es wirklich will; wenn er sich selbst verwandeln will – sich selbst machen will; wenn ein »Wille zur Macht« in ihm mächtig ist, der unbeirrt das Leben nach seinem eigenen Bilde schaffen will. Der übermütigste, lebendigste und weltbejahendste Mensch – der Übermensch – ist einer, der sich selbst in seinem So-Sein will, will und nochmals will. Und der die Macht und den Mut aufbringt, sich und seine Welt mit kraftvoller Hand so zu formen, dass aus der Tiefe seines Herzens dieses unendliche »Ja!« und »Da capo!« aufsteigen. Er ist einer, der sich selbst schafft und darin sich und seinen Sinn erfindet – weil er an einen Sinn, der gefunden werden könnte, schon lange nicht mehr glaubt.

Der Weg dorthin ist mühsam und schmerzvoll. Auch davon lässt Nietzsche seinen Zarathustra künden: »Schaffen – das ist die große Erlösung vom Leiden, und des Lebens Leichtwerden. Aber dass der Schaffende sei, dazu selber tut Leid not und viel Verwandlung. Ja, viel bitteres Sterben muss in eurem Leben sein, ihr Schaffenden! Also seid ihr Fürsprecher und Rechtfertiger aller Vergänglichkeit. [...] Manchen Abschied nahm ich schon, ich kenne die herzbrechenden letzten Stunden. Aber so will's mein schaffender Wille, mein Schicksal. Oder, dass ich's euch redlicher sage: solches Schicksal gerade – will mein Wille. Alles Fühlende leidet an mir und ist in Gefängnissen: aber mein Wollen kommt mir stets als mein Befreier und Freudebringer. Wollen befreit.«

»Viel bitteres Sterben« – darunter geht es nicht. Aber die Verheißung ist leuchtend: »Da capo!« Ein Sinn, der trägt, ein Leben, das sich bejaht; das sein Schicksal nicht beklagt, sondern annimmt, weil es sein Schicksal annehmen *will*. Weil es sich auf diese Weise immer neu erschafft und immer schon geschaffen hat. Geschaffen vom Willen zur Macht, geprüft durch das Schwergewicht des Gedankens der ewigen Wiederkehr, wahrhaftig darin, dass es sich nicht darüber täuscht, dass alle früheren Werte, alle dogmatische Wahrheit und aller verheißene Sinn vom Menschengeist ersonnen wurden. Nicht auf der zerbrechlichen Illusion, der Sinn des Lebens werde in Gott, Bestimmung, Zweck oder moralischem Gut-Sein gefunden, baut Nietzsches Sinn der Erde auf. Nicht darauf, dass dieses Leben von Gott, der Vernunft oder sonst wem gewollt ist – sondern allein darauf, dass es von dem gewollt ist, der es führt; und dass der, der es führt, es so erfindet, gestaltet und schafft, dass es seinem Bilde entspricht.

Die Ästhetik der Existenz – Wilhelm Schmids Lebenskunst

Nietzsches Lebenskunst mit all ihren Übermenschen und Willensmächtigen – sie kommt doch reichlich schroff daher. Archaisch und wild, so dass sie viele feinere Geister abschreckt. »Muss es denn gleich so dicke sein?«, fragen sie. »Müssen wir wirklich so radikal ›da capo‹ rufen, auch zum Leiden und das auch noch bis in alle Ewigkeit hinein?« Nun, sollte Nietzsches Gepolter auch in Ihren Ohren rau scheppern, dann habe ich etwas anderes für Sie: eine urbanisierte Variante des urwüchsigen Nietzsche, wenn man so will. Sie heißt »Philosophische Lebenskunst«, und ihr führender Exponent ist der zeitgenössische Philosoph Wilhelm Schmid – womit wir endlich im 21. Jahrhundert angekommen wären, denn Lebenskunst à la Schmid steht heutzutage hoch im Kurs. Aber worum geht's dabei?

Es geht um ein philosophisches Programm der Sinnstiftung nach dem Tode Gottes. Zwar würde Schmid sich scheuen, solch machtvolle Worte in den Mund zu nehmen, aber in der Sache läuft es darauf hinaus: »Wo einst nur vorgedachte und vorgegebene Antworten zu übernehmen waren [also zu »Lebzeiten« Gottes], kommt der Einzelne nicht mehr umhin, selbst zu suchen und zu finden – das ist der Preis moderner Freiheit. Zur Notwendigkeit wird nun die Arbeit, selbst das Leben zu deuten und zu interpretieren.« Das können wir mittlerweile gut verstehen: Wo nicht mehr damit gerechnet wird, eine von Gott vorgesehene oder angeordnete Bedeutung des Lebens zu finden, da müssen wir selber ran und für die Bedeutung unseres Lebens selbst sorgen, nämlich indem wir es interpretieren und deuten – ihm eine Bedeutung geben.

»Hermeneutik der Existenz« nennt Schmid dieses Geschäft. Damit beginnt die philosophische Lebenskunst. Und das geht so: »Als Kunst, sich in der Welt zurechtzufinden, dient sie [die Hermeneutik der Existenz] dazu, Sinn und Bedeutung im Leben und in der Welt zu erschließen. Allerdings wird bei dieser hermeneutischen Tätigkeit nicht einfach nur ein vorhandener Sinn *ausfindig* gemacht, sondern tückischerweise ein subjektiver Sinn in die Dinge *hineingelegt*, um dann aus ihnen herausgelesen zu werden. Nie haben wir die Gewissheit, einen ›objektiven Sinn‹ entdeckt zu haben, denn immer spielen unsere Interessen, unsere Wünsche oder auch nur die Blickrichtung unserer Aufmerksamkeit eine sinnstiftende Rolle, von der wir uns wahrscheinlich zu keinem Zeitpunkt völlig lösen können: Das ist der berüchtigte ›hermeneutische Zirkel‹. Man kann sich darüber ärgern, man kann sich seiner jedoch auch bewusst bedienen, um den Dingen

Sinn und Bedeutung zu geben, statt nur darauf zu hoffen, dass sie auch ohne unser Zutun Sinn und Bedeutung haben, die wir nur zu entschlüsseln hätten.«

Merken Sie, wie sehr Schmid sich in den Bahnen Nietzsches bewegt? Was immer uns als Sinn erscheint, sagt er, ist nichts, was wir einfach nur gefunden hätten. Nein, wir haben diesen Sinn erst durch unsere Perspektiven, Projektionen und heimlichen Wünsche in die Phänomene hineingetragen, so dass der vermeintlich »objektive« Sinn in Wahrheit nur das Spiegelbild unserer höchst subjektiven Wünsche und Bedürfnisse ist – unseres unreflektierten Willens zur Macht, wie Nietzsche wohl sagen würde. Und so wie Nietzsche vor dem Hintergrund dieser Diagnose dazu auffordert, nun endlich bewusst und entschlossen unseren Willen zur Macht zu aktivieren, um bewusst und entschlossen die Welt nach unserem Bilde zu schaffen, so legt auch Schmid seinen Lesern nahe, »dem Leben Sinn zu geben« – und zwar »einen Sinn, der der Gesamtheit oder dem Einzelereignis des Lebens nicht etwa nur abzulesen ist, sondern hineingelegt werden muss, um herausgelesen werden zu können«. »Selbstmächtigkeit« nennt Schmid diese Fertigkeit der Lebensdeutung und -gestaltung, was ebenfalls stark an Nietzsche erinnert.

Was aber heißt das in Schmids Lebenskunst: seinem Leben Sinn geben? Wie soll das gehen? Seine Antwort fällt erwartungsgemäß ganz im Sinne Nietzsches aus: »Gestalte dein Leben so, dass es bejahenswert ist.« – In diesem »existenziellen Imperativ« ist Schmids ganze Lebenskunst verdichtet. Wobei seine besondere Pointe darin liegt, die

Bejahbarkeit des Lebens mit seiner Schönheit zu identifizieren. »Schön ist, was als bejahenswert erscheint«, erläutert er sein Verständnis von Schönheit – und trifft damit, wie mir scheinen will, durchaus den Nagel auf den Kopf. Denn Schönheit und Sinn haben tatsächlich viel miteinander zu tun. Aber dazu später mehr.

Was für uns wichtig ist: Schmid behauptet, dass sowohl Schönheit als auch Sinn Produkte unserer Selbstmächtigkeit sind; weil sie nur dann in unser Leben treten, wenn wir es so gestalten, dass wir »Ja« zu uns sagen. Weder Schönheit noch Sinn sind objektive Realitäten – sondern subjektive Konstrukte, die eines gemeinsam haben: Sie sind Chiffren für das unbedingt Bejahbare.

Die Schön-Gestaltung und Sinn-Stiftung des eigenen Lebens ist dabei aber keineswegs eine Sache der Willkür. Wie Nietzsche meinte, der Übermensch müsse sein Schicksal wollen und sich in seinem Geworden-Sein bejahen, so beginnt auch Schmids Lebenskünstler damit, dass er auf das So-Sein seines eigenen Lebens blickt. Und zwar mit den Augen des Interpreten. Er liest gleichsam im Text seines Lebens und sucht darin nach einer Bedeutung. Wobei die Kunst darin besteht, »mithilfe von Interpretationen denjenigen Zusammenhang herzustellen, der in der Lage ist, dem Leben Sinn zu geben«.

Offensichtlich orientiert Schmid sich bei seiner »Hermeneutik der Existenz« am Modell einer Textinterpretation – einer Lektüre, die es darauf anlegt, die Bedeutung eines Textes herauszufinden; wobei Schmid – mit dem Gros der gegenwärtigen Philosophie – keinen Zweifel daran hegt, dass Interpretieren immer ein Sinnstiften und nie ein Sinnfinden ist. Was ja nicht viel anders auch schon die alten Nominalisten gelehrt hatten, wenn sie darauf bestanden, dass Bedeutungen nicht absolut und zeitlos, sondern gewordenes Menschenwerk seien.

Ich glaube, ich muss Ihnen nicht lang und breit darlegen, dass Schmid sich damit in der Tradition der Gleichsetzung von Sinn und Bedeutung bewegt. Für ihn ist klar: Der Sinn des Lebens ergibt sich aus dem Zusammenhang, dem Kontext, den wir für unser Leben knüpfen. Wir versuchen unablässig, uns einen Reim darauf zu machen, was uns widerfährt. Wir versuchen unablässig, die Mannigfaltigkeit der Ereignisse in einen sinnvollen Zusammenhang zu rücken – eine Art »roten Faden« in sie hineinzulesen, um so aus der chaotischen Abfolge von Szenen eines Lebens einen stimmigen Plot zu stricken. Anders gesagt: Wir sind dauernd dabei, ein Drehbuch für unser Leben zu entwerfen, um dann die uns selbst zugedachte Rolle möglichst erfolgreich zu spielen, und zwar so, dass wir uns bejahen und schön finden können; so, dass sich die Kluft zwischen Vergangenheit und Gegenwart auf eine logisch-stimmige Weise schließt.

Wo die retrospektive Selbstdeutung umschlägt zum prospektiven Selbstentwurf, spinnt Schmid den von Nietzsche gesponnenen Faden des schaffenden Willens weiter. Die von ihm anempfohlene selbstmächtige Autorschaft des eigenen Lebens erfordert zweierlei Kompetenzen: die Deutungskompetenz im Blick auf die Vergangenheit und die Gestaltungskompetenz im Blick auf die

Zukunft. Kommt beides zusammen, gelingt das, was Schmid in Anlehnung an den französischen Philosophen Michel Foucault eine »Ästhetik der Existenz« nennt: eine »kunstvolle Gestaltung der Existenz«, »durch die das Leben selbst zum Kunstwerk wird« – zum schönen Kunstwerk, das man ohne Wenn und Aber bejahen kann und das uns deshalb sinnvoll erscheint.

Damit haben wir die wichtigsten Bausteine von Wilhelm Schmids philosophischer Lebenskunst zusammengetragen. Zumindest sind wir nun gut gerüstet, seine eigene Zusammenfassung zu vernehmen: »Lebenskunst kann heißen, *sich ein schönes Leben zu machen*, im Sinne von: Das Leben bejahenswerter zu machen, und hierbei eine Arbeit an sich selbst, am eigenen Leben, am Leben mit Anderen und an den Verhältnissen, die dies Leben bedingen, zu leisten. Die Selbstmächtigkeit, die kunstvolle Gestaltung der Existenz, der Akt der Wahl, die Sensibilität und Urteilskraft, die Realisierung von Schönheit: All diese Momente kommen darin überein, zu einem *erfüllten Leben* beizutragen, das bejahenswert ist.«

Hm, was sagen Sie dazu? Klingt schon sehr überzeugend, oder? Sehr zeitgemäß auch. Nicht so brutal-radikal wie Nietzsche – aber dabei ebenso aufrichtig und konsequent. Kein Gott, keine Idee, kein Sittengesetz; keine Metaphysik und keine Moral; kein himmlischer Schöpfer unseres Lebens, sondern wir selbst als Autoren unseres Seins; kein allmächtiger Gesetzgeber-Gott, sondern ein selbstmächtiger Künstler-Mensch. Ich würde sagen: Hier haben wir es mit einer starken, sehr starken Theorie vom

Sinn des Lebens zu tun – und einer höchst plausiblen Strategie der Sinnstiftung: Sich ein schönes Leben machen! Klar, wer wollte das nicht. Und wenn dann auch noch das große »Ja!« eines Viktor Frankl dabei herauskommt – was wollte man mehr?

Aber halt, stopp! Kommt es denn wirklich dabei heraus? Hatte Frankl nicht klipp und klar gesagt: »Sinn muss gefunden, kann aber nicht erzeugt werden«? Hm, was uns Schmid und Nietzsche vorschlagen, läuft aber auf das genaue Gegenteil hinaus: Sinn muss erzeugt, kann aber nicht gefunden werden! Das wäre ihrer beider Botschaft. Wie geht das zusammen?

Antwort: Gar nicht! Der Sinn des »sieghaften ›Ja!‹«, von dem Viktor Frankl Zeugnis ablegt, er lässt sich weder mit Nietzsches, noch mit Schmids Theorie des Sinns erklären. Denn dass ein letzter Sinn einem »von irgendwoher entgegenjubelt«, ist in beider Denken nicht vorgesehen. Und tatsächlich ist es auch gänzlich unvorstellbar, die Sinnerfahrung Frankls als Produkt einer selbstmächtigen Autorschaft des eigenen Lebens zu deuten. Als ob er an jenem grauen bayrischen Wintermorgen erst auf sein vergangenes Leben geblickt und dann einen roten Faden hineingewoben hätte, um sich dann selbst so zu entwerfen, dass er sich in seiner irrsinnigen Situation schön und bejahenswert finden könnte. Nein, so kann es nicht sein. Und es kann auch nicht sein, dass er als kühner, schaffender und übermütiger Übermensch sich in der Häftlingskolonne selbst »da capo« zugerufen hätte. So viel Heroismus wäre wohl sogar für einen Frankl zu viel gewesen

– den er aber hätte aufbringen müssen, wäre das »sieghafte ›Ja!‹« tatsächlich ein Produkt seines Willens gewesen; so wie Nietzsche und Schmid es deuten.

Aber dieses »Ja!« ist eben nicht gemacht. Es ist einfach da – kommt aus dem Nichts. Ganz wie das Licht in dem fernen Gehöft scheint es im Dunkeln plötzlich auf. Beinahe eine göttliche Erscheinung, eine Theophanie. Beinahe? Aber war Gott denn nicht tot?

»Gott ist tot, Gott bleibt tot, und wir haben ihn getötet«, sagt Nietzsche. Und scheint damit Recht zu behalten. Zumindest haben uns die klassischen Sinndeutungen aus Metaphysik und Moral nicht vollends befriedigt. Und auch die säkularisierten Varianten, wie wir sie bei den Utilitaristen oder bei Kant gefunden haben, erwiesen sich als ungeeignet, wenn es darum geht, uns verständlich zu machen, was es mit diesem großen »Ja!« auf sich hat, das nach Frankls Erfahrung nachhaltig durchs Leben trägt. Kurz: Alle Theorien, denen zufolge Sinn als objektive und absolute Realität gefunden werden kann, griffen ins Leere. Genauso griffen aber auch diejenigen Theorien ins Leere, die uns weismachen wollten, Sinn müsse von uns selbst erfunden werden. Was nun?

Aporie!
Jetzt oder nie – auf in andere Welten!

Tätärätä! Das ist die große Stunde der Philosophie! Was uns nun begegnet, nannten die Griechen eine Aporie – eine vermeintlich aussichtslose Situation. Wir wollen verstehen, was der Sinn des Lebens ist und wie wir ihn erfahren können. Und haben verschiedene Theorien angeschaut. Die einen sagen: Sinn ist etwas, das gefunden werden kann. Und die anderen behaupten: Sinn ist etwas, das erfunden werden muss. Und alle taugen sie nicht, um diese authentischste und intensivste Sinnerfahrung Viktor Frankls zu erklären. Da gibt es nur eins: Wir kommen so nicht weiter! Wir müssen noch einmal ganz von vorne anfangen. Denn irgendwo muss ein Denkfehler stecken.

Nun hätte ich dieses Buch nicht geschrieben, wenn ich nicht einen Vorschlag machen wollte, wie wir aus dieser Aporie herauskommen. Und den möchte ich Ihnen jetzt auftischen. Es ist auch gar nicht so schwer. Fragen wir doch einfach: Gibt es vielleicht eine gemeinsame Voraussetzung, die alle bislang betrachteten Theorien vom Sinn des Lebens verbindet? Haben sie – bei aller Unterschiedenheit – etwas gemeinsam, das sich womöglich als ihr Schwachpunkt erweist? Meine Antwort lautet: Ja, so ist es. Sie haben alle etwas gemeinsam – und diese Gemeinsamkeit rührt her von ihrem gemeinsamen Ursprung im jüdisch-christlichen Denken; egal, ob sie sich demgegenüber verneinend oder bejahend verhalten.

Erinnern wir uns: Für den Menschen der mythischen, moralischen und metaphysischen Zeit war klar, dass Gott der Garant des Sinns ist. Weil er die Welt und uns bejaht, sind die Welt und das Leben sinnvoll. Die Welt aber bejaht er, weil er sie will, und weil er sie will, schuf er sie; und uns bejaht er, so wir denn seinem Gebot Gehorsam leisten. Kurz: Weil Gott das Leben *wollte und machte*, ist das Leben sinnvoll. So dachte man einst. Und was blieb davon nach dem Tode Gottes – dem Ende von Mythos, Moral und Metaphysik? Es blieb: Wie ich das Leben *will und mache*, so ist das Leben sinnvoll. An Gottes Stelle trat der Mensch – aber es blieb dabei der Wille zum Machen, der den Sinn garantiert. Nun aber nicht mehr Gottes *Wille zum Machen*, sondern des Menschen *Wille zur Macht*. So oder so aber kommt heraus: Sinn ist etwas Gewolltes. Sinn ist etwas Gemachtes.

Und genau darin, behaupte ich, liegt das Problem. Es liegt darin, dass sich alle bislang betrachteten Theorien vom Sinn in einem Denken bewegten, für das der Sinn am Faden des Wollens und Machens hängt. Und mir scheint: Das liegt daran, weil dieses Denken sich auf je unterschiedliche Weise doch stets im Sog und Fahrwasser einer Sichtweise bewegte, die das höchste und größte Seiende – Gott – als einen Wollenden und Machenden vorstellte.

Und ich behaupte weiter: Wenn wir zu einer wirklich tragfähigen Theorie vom Sinn des Lebens kommen wollen – einer, die uns davor bewahrt, in Sinnfinsternis und existenzielle Leere zu verfallen –, dann müssen wir das Paradigma wechseln; dann müssen wir ausbrechen aus einer Denkweise, die unter dem Diktat der christlich-jüdischen Gottesvorstellung steht. Dann müssen wir dem wollenden und machenden Schöpfergott für einen Augenblick den Rücken kehren und uns anderen Göttern zuwenden. Solchen, die nicht durch ihren Willen definiert sind, auch nicht durch ihr Machen, sondern durch ihr nacktes Sein; solchen, die einfach nur da sind und sich zeigen; und die immer da, wo sie sich zeigen, den Menschen in ein verändertes Licht rücken: ein Licht der Schönheit, der Sinnhaftigkeit, der Stimmigkeit – ein Licht, das ihnen ein »sieghaftes ›Ja!‹« entgegenjubelt; selbst da, wo es im Finsteren aufscheint wie das Licht in einem fernen Gehöft. In einer Welt solcher Götter, so meine These, können wir fündig werden: Dort können wir den Sinn finden, der nur gefunden und nicht erfunden werden kann; den Sinn, der wirklich durchs Leben trägt, gerade weil er geschenkt und nicht gemacht ist; gerade weil er ewig und nicht konstruiert ist.

Vielleicht finden wir diesen Sinn nicht gerade bei den Göttern selbst, aber doch in einer Philosophie, die sich in ihrem Lichte hielt: in der ältesten Philosophie, der antiken griechischen Philosophie. Wir werden sehen …

»Aber die Götter sind doch tot!«, höre ich Sie einwenden. »Aber sind sie das wirklich?«, frage ich zurück. Der Dichter Hölderlin jedenfalls meinte, sie seien nur entflohen. Er sagte: »Zwar leben die Götter, / Aber über dem Haupt droben in anderer Welt. / Endlos leben sie dort und scheinen's wenig zu achten, / Ob wir leben, so sehr schonen die Himmlischen uns. Denn nicht immer vermag ein schwaches Gefäß sie zu fassen, / Nur zu Zeiten erträgt göttliche Fülle der Mensch.«

Was, wenn das der Grund unserer Sinnfinsternis wäre? Was, wenn wir deshalb ins existenzielle Vakuum gefallen wären? Nicht, weil der wollende und machende jenseitige Schöpfergott starb und der Mensch als sein Stellvertreter versagte – sondern weil wir verlernt haben, das Göttliche inmitten der Welt zu sehen? Weil wir das Göttliche erst ins Jenseits verwiesen und dort dann für »tot« erklärten? Weil wir im Spirituellen der Erde untreu geworden sind? Weil wir deshalb mit Blindheit geschlagen sind, wenn das Göttliche, Ewige, Sinnvolle, Bejahenswerte sich vor unseren Augen enthüllt – uns entgegenjubelt? Weil wir verlernt haben, die Schönheit in der Welt zu entdecken, und uns deshalb einreden, wir müssen sie selber – machen?

Tja, was wenn ... Wollen wir es ausprobieren? Wollen wir aufbrechen in eine andere geistige Welt, ein anderes Paradigma und eine andere Zeit, die anders vom Leben dachte, die das Leben anders fühlte und seinen Sinn anders erfuhr – nicht als Gewolltes, sondern schlicht als Sein? Na, dann lesen Sie weiter!

Drittes Zwischenspiel im Himmel

Apollon hatte bislang schweigend zugehört. Nun aber ließ er seine glockenhelle Stimme erklingen: »Hey, Platon«, rief er laut und winkte den bärtigen Philosophen herbei, »wärest du so gut, diesem Herrn zu erklären, wer ich bin. Er hat mich, wie mir scheint, nicht recht verstanden.«

»Na, da haben wir ja etwas gemeinsam«, scherzte Platon, »denn mich hat dieser Bursche auch gründlich fehlgedeutet. Aber wir wollen es ihm nachsehen. Denn offen gestanden gibt es kaum einen Sterblichen, der mich nicht missverstanden hätte.«

»Wohl wahr«, nickte Apollon, »aber was war es doch gleich, das dieser gute Mann über mich geschrieben hat? Vom ›Apollinischen‹ war wohl die Rede?«

Platon besann sich kurz und hob dann an zu rezitieren: »Er – damit meint er Sie, erlauchter Herr – ist der ›Scheinende‹ durch und durch: in tiefster Wurzel Sonnen- und Lichtgott, der sich im Glanze offenbart. Die ›Schönheit‹ ist sein Element: ewige Jugend ihm zugesellt. Aber auch der schöne Schein der Traumwelt ist sein Reich: die höhere Wahrheit, die

Vollkommenheit dieser Zustände im Gegensatz zu der lückenhaft verständlichen Tageswirklichkeit erheben ihn zum wahrsagenden Gotte, aber ebenso gewiss zum künstlerischen Gotte. Der Gott des schönen Scheins muss zugleich der Gott der wahren Erkenntnis sein.« Kaum dass er geendet hatte, kommentierte Platon: »Gar nicht schlecht, nur eines gefällt mir nicht daran.«

»Was denn?«, entgegnete Nietzsche leicht pikiert.

»Die Sache mit der Traumwelt, mein Gutster«, erwiderte Platon. »Bei dir kommt es so raus, als sei der Gott ein Träumer – einer, der die Welt in einem Lichte erscheinen lässt, das sie gleisnerisch und trügerisch verklärt, um – wie du gelegentlich schreibst – das Leben ›erträglich‹ zu machen. Aber so gewiss er wahrhaft der ›Scheinende‹ ist, so ist es doch der Schein der Wahrheit, der in ihm sich enthüllt. Apollinisch – um deine Worte zu verwenden – ist nicht die Qualität des Schön-Geredeten oder Schön-Gemachten, nicht die Qualität des Schön-Gewollten; sondern es ist die Qualität des Schön-Seins. Oder, um es in meiner Sprache zu sagen: Es ist der Lichtglanz des Guten, Wahren und Schönen – die Aureole des Sinns, die nicht hinter oder jenseits der Welt erstrahlt, sondern mitten in ihr. Immer dann, wenn Sinn sich ereignet und Wahrheit wie ein Lichtfunken vor uns aufscheint. Dann sind die Phänomene gerettet. So bleibe ich der Erde treu.«

Nietzsche schaute verächtlich auf Platon: »Was ist Wahrheit?«, grunzte er in seinen Bart, »Ich will es dir sagen: Wahrheit, das ist ein bewegliches Heer von Metaphern, Metonymien, Anthropomorphismen – kurz, eine Summe von menschlichen Relationen, die poetisch und rhetorisch gesteigert, übertragen, geschmückt wurden, und die nach langem Gebrauche dem Volke fest, kanonisch und verbindlich dünken: die Wahrheiten sind Illusionen, von denen man vergessen hat, dass sie welche sind.«

Platon seufzte. Nietzsche fuhr fort: »Vernunft ist Verstellung, Ideen sind Lüge. All das ist Täuschung, ein Lügen und Trügen, ein im erborgten Glanz leben, Maskiertsein – eine verhüllende Konvention, ein Bühnenspiel vor Anderen und vor sich selbst. Tief eingetaucht in Traumbilder ist dein Geist, Platon, dein Auge gleitet nur auf der Oberfläche der Dinge herum und sieht Formen, ihre Empfindung rührt nirgends die Wahrheit, sondern begnügt sich, Reize zu empfangen und gleichsam ein tastendes Spiel auf dem Rücken der Dinge zu spielen.«

Platon lächelte. »Du denkst zu viel mit deinem Kopf; und wo du willst, solltest du lieben«, flüsterte er Nietzsche zu.

»Ich liebe die Menschen«, erwiderte der, »aber mehr noch liebe ich die Wahrheit, und die hast du gründlich beschmutzt! In Hinterwelten hast du sie verlegt! Der Erde bist du fremdgegangen mit deinen ewigen Ideen. Das Vergängliche hast du zum Gleichnis verdreht, indem du das Unvergängliche erfandest. Ich aber sage dir: Dein Unvergängliches – das ist ein Gleichnis! Dein ewiger Sinn, deine Ideen und dein Gutes – das sind Abstraktionen, das ist leerer Schein, apollinisches Gewäsch.«

Platon reichte Nietzsche ein Taschentuch, denn ihm stand der Schweiß auf der Stirn. Und dann geschah das Unerhörte: Ein Blitzstrahl durchzuckte den ortlosen Ort. »Nein!«, donnerte die Stimme des Gottes. »Du irrst, Sterblicher! Du überhebst deinen Geist! Erkenne dich selbst! Halte das Maß! Nie kannst du die Wahrheit schaffen. Nie als Illusion sie zwingen! Wo sie ist, da ist sie ewig. Wo sie strahlt, da ist sie schön. Nicht gemacht und nicht erfunden. Sinn von Sinn, doch nicht im Jenseits. Hier und Jetzt und nirgends sonst. Sehe hell und denke nicht! Sage wahr und wolle nicht! Reinige dir Geist und Auge! Höre dann, was Platon sagt!«

Nietzsche war getroffen. Wie ein Pfeil trafen ihn die Worte des Gottes. Und er bemerkte mit Staunen – wachte oder träumte er? –, dass Platon bedächtigen Schrittes um ihn schlich und ihm dabei unsichtbare Fesseln abnahm.

Und Nietzsche weinte.

Von Lichtgestalten, Pferdewagen und der guten Stimmung des alten Platon

Die Welt ist vollkommen

Erinnern Sie sich an das, was ich anfangs von Sokrates und seiner »Sorge um die Seele« erzählt habe? Von seinem therapeutischen Bemühen, seine Gesprächspartner von ihren unbedachten, undurchdachten, aber oft doch gar so liebgewonnenen Denkgewohnheiten und Sichtweisen zu befreien? Ja? Dann haben Sie gewiss bemerkt, dass ich in der ersten Halbzeit dieses Buches ein bisschen Sokrates gespielt habe. Dann wird Ihnen auch nicht entgangen sein, dass ich mir einen Spaß daraus gemacht habe, den heute gängigen Sinn-Deutungen und Sinn-Erwartungen auf den Zahn zu fühlen, sie zu durchforsten und ihre Entstehungsgeschichte bloßzustellen. Und wahrscheinlich ahnen Sie auch, warum ich das letzte Kapitel, gut sokratisch eben, mit einer Aporie enden ließ bzw. mit einem Vorschlag, wie sich diese Aporie auflösen lässt: nämlich indem wir uns verabschieden von dem alten, theologisch grundierten Gedanken, Sinn sei dasjenige, was – von Gott oder Mensch, gleichviel – gewollt ist, gewollt werden soll oder gewollt werden kann. Und indem wir stattdessen den Gedanken erproben, Sinn sei eine Qualität des Seins, die uns zuweilen widerfährt, geschenkt wird, sich ereignet. Wobei ich schon angedeutet hatte, wo sich eine entsprechende philosophische Theorie des Sinns finden lässt: nämlich bei den alten Griechen.

Das vorausgeschickt, leuchtet Ihnen vielleicht ein, dass es mir sinnvoll erscheint, in der zweiten Halbzeit Ihre Aufmerksamkeit auf ein philosophisches Denken zu lenken, das zugleich das älteste und das avancierteste des europäischen Geistes ist. Ein Denken, das rechtfertigt, die Parole auszugeben: Zurück in die Zukunft! »Wie?«, fragen Sie jetzt vielleicht, »alles retro, oder was?« Kann ich verstehen, ändert aber nichts daran, dass wir tatsächlich die Uhr des Geistes ein paar Jahrtausende zurückstellen müssen, um eine Philosophie zu finden, mit der wir uns einen stimmigen Reim auf Viktor Frankls große Sinnerfahrung machen können – und ein Verständnis von Sinn zu entwickeln, das verspricht, auch Sie und mich durchs Leben zu tragen. Auch das hat einen philosophischen Grund, den ich Ihnen nicht vorenthalten will – einen Grund, auf den mit großem Nachdruck Martin Heidegger hingewiesen hat. Er sagte sinngemäß: Um denjenigen Verzerrungen und Verschattungen des Denkens zu entkommen, die verhindern, dass wir zur »Eigentlichkeit« unseres Daseins finden (ich würde sagen: zum Sinn unseres Lebens), müssen wir aufs Ganze gehen. Wir müssen uns darüber klar werden, was unser Denken prägt; wir müssen das mächtige, aber doch unbewusste Vorzeichen vor der Klammer unserer Weltsicht aufdecken; das Koordinatensystem zu Bewusstsein bringen, in dem sich die Bahnen und Bezüge unseres Denkens immer schon halten. Und um das zu tun, so argumentierte Heidegger, müssen wir in unserer Geistesgeschichte (er nannte sie »Seinsgeschichte«) so weit zurückgehen, bis wir zu ihrem Anfang kommen: zum Ursprung – zur Quelle, aus der der Strom unseres Geistes entsprungen ist. Sie müssen wir ergründen, um die Macht der Geschichte über uns zu brechen.

Und dann können wir noch weiter zurückgehen in eine Zeit, in der die Sicht auf die Dinge und das Leben noch nicht philosophisch verdorben, sondern wirklich ursprünglich war. Diese Zeit war in Heideggers Augen die Zeit vor der begrifflichen Philosophie: die Zeit des frühsten griechischen Denkens, dessen Abendröte in den Schriften und Fragmenten der sogenannten Vorsokratiker gerade noch zu gewahren ist.

Wenn wir uns nun also den alten Griechen zuwenden, dann geschieht das nicht aus Nostalgie und humanistischer Liebhaberei, sondern aus der Überzeugung, dass wir zur Wiederentdeckung der Sinnhaftigkeit des Lebens wohl oder übel den Umweg nehmen müssen über eine Epoche, in der die Menschheit noch nicht in dem Maße die Strukturen und Muster des Denkens entwickelt hatte, die zu den fragwürdigen Sinnkonzepten führten, die vielen Menschen der Gegenwart das Gefühl vollkommener Sinnlosigkeit geben. Wir müssen zurück bis vor den Anfang dieser Strukturen und Muster des Denkens, um von dort die Inspirationen zu erhalten, die wir brauchen, weil sie neue Wege zur Sinnfindung weisen. Wobei ich von Heidegger allerdings in dem einen Punkt abweiche, dass ich davon überzeugt bin, in den Texten der alten Philosophen mehr geboten zu bekommen als nur eine fade Abendröte der schwindenden Ursprünglichkeit des Denkens. Denn ich glaube, gute Gründe dafür zu haben, in den Philosophien – vor allem – Platons und Heraklits eine Ursprünglichkeit der Wahrnehmung zu finden, die uns heute und morgen den Zugang zur Sinnressource unseres Lebens neu erschließen kann. Aber das kann ich Ihnen nur verständlich machen, wenn Sie mich auf einen kurzen Abstecher in eine andere Welt begleiten: die Welt des Mythos.

Apollon – Der göttliche Erleuchter

Die alten Griechen tickten anders. Wie viele andere traditionelle Kulturen auch fühlten sie sich heimisch in dieser Welt. Nietzsches »Hinterwelten« waren ihnen fremd, wenngleich sie innerhalb dieser Welt so etwas wie Vordergründe und Hintergründe zu unterscheiden wussten. Aber bei alledem waren sie doch überzeugt davon, dass die Welt ein zusammenhängendes Ganzes ist – und zwar ein in sich stimmiges, schönes, lebendiges Ganzes, für das sie das Wort *kósmos* schufen: schöne Ordnung. »Das Göttliche, in dem hier der Mensch sich geborgen weiß, ist nicht das ›Ganz andere‹, zu dem diejenigen ihre Zuflucht nehmen, für die die Weltwirklichkeit entgöttlicht ist. Es ist vielmehr eben das, was uns umgibt, in dem wir leben und atmen, das uns ergreift und in der Helligkeit unserer

Sinne und unseres Geistes Gestalt wird«, erläutert der Religionsphilosoph Walter F. Otto in seinem Buch *Theophania* das Lebensgefühl des alten Hellas – und trifft damit präzise den Unterschied zwischen dem orientalischen Monotheismus und der mythischen Spiritualität der Griechen. Und er fährt fort: Das Göttliche ist »überall da. Alle Dinge und Erscheinungen reden von ihm in der großen Stunde, wo sie von sich selbst reden. Und sie reden nicht von einem Schöpfer und Herrn, sondern von dem ewigen Sein, das sich in ihnen gestalthaft offenbart. Es leuchtet aus allen lebendigen Augenblicken mit der unaussprechlichen Herrlichkeit, in der auch das traurigste Schicksal erhaben ist« – und darin sinnvoll, wie ich ergänzen möchte.

Was mir zunächst wichtig erscheint, ist, dass Otto in diesem Zitat einen zentralen Aspekt der mythologischen Weltsicht zur Sprache bringt: Dem Menschen des Mythos offenbart sich das Ewige gestalthaft. Das große, unfassbar-umfassende göttliche Sein und Leben verdichtet sich in der »großen Stunde« zu der fassbaren Gestalt einer Gottheit. Das Unendlich-Grenzenlose gibt sich ein Gesicht, mit dem es in die Lebenswelt des Menschen hineinleuchtet – sie erleuchtet, so dass die Welt und alles Leben in das Licht einer unbedingten Bejahbarkeit gerückt wird. Selbst Nietzsche sah das so, wie eine frühe Notiz von ihm verrät: »Aus ihnen [den Göttern] spricht eine Religion des Lebens, nicht der Pflicht oder Askese oder der Geistigkeit. Alle diese Gestalten atmen den Triumph des Daseins, ein üppiges Lebensgefühl begleitet ihren Kultus. Sie fordern nicht: In ihnen ist das Vorhandene vergöttlicht, gleichviel ob es gut oder böse ist.«

Götter – griechisch erfahren – sind so gesehen die großen Sinnstifter: Sie künden – auf ihre je eigene Weise – von der Sinnhaftigkeit und Bejahbarkeit der Welt und des sie durchdringenden kosmischen Lebens. Und sie tun das nicht aus einer Hinterwelt heraus, sondern sie wohnen mitten unter uns. Es ist jederzeit möglich, von ihrem Lichtglanz berührt zu werden. Ein bezauberndes Beispiel dafür gibt Walter F. Otto in seinem Buch *Die Götter Griechenlands*, wo er mit großer Präzision darstellt, wie es ist, wenn das eine göttliche Leben sich in Gestalt der Göttin Artemis offenbart: »Es wohnt im klaren Berggipfel, im Goldschimmer der Gebirgsmatten, im Blitzen und Flimmern der Eiskristalle und Schneeflächen, im schweigenden Erstaunen der Felder und Wälder, wenn das Mondlicht sie überglänzt und glitzernd von den Baumblättern tropft. Da ist alles durchsichtig und leicht. Die Erde selbst hat ihre Schwere verloren, und das Blut weiß nichts mehr von seinen dunklen Leidenschaften. Über den Boden hin schwebt es wie ein Tanzen weißer Füße. Oder ein Jagen fliegt durch die Lüfte. Das ist der göttliche Geist der sublimen Natur, die hohe schimmernde Herrin, die Reine, die zum Entzücken hinreißt und doch nicht lieben kann, die Tänzerin und Jägerin, die das Bärenjunge auf den Schoß nimmt und mit den Hirschen um die Wette läuft, todbringend, wenn sie den goldenen Bogen spannt, fremdartig und unnahbar, wie die wilde Natur, und doch, wie sie, ganz Zauber und frische Regung und blitzende Schönheit. Das ist Artemis! Wie mannigfaltig ihre Erscheinungsformen auch sein mögen, in dieser Idee haben sie ihre Einheit und widersprechen sich nicht mehr.«

Artemis – das ist die gestalthafte Verdichtung einer bestimmten Facette des göttlichen Lebens. Wo sie erscheint, taucht sie die Welt in ihr ganz eigenes, Artemisisches Licht. Und dieses Licht ist anders als – sagen wir – das Apollinische Licht. So wie eben auch das Licht des Mondes anders ist als das Licht der Sonne. Beide aber erhellen die Welt auf ihre Weise. Beiden eignet eine ganz eigene Schwingungsfrequenz, die uns das eine kosmische Leben auf unterschiedliche Weise gewahren lässt. Aber in beiden oder durch beide hindurch strahlt der eine Lichtglanz des absoluten Sinns und der absoluten Bejahbarkeit, für dessen Erfahrung die Griechen das Wort *theós* – Gott – prägten. Man kann sich dieses umfassend Göttliche bildhaft als das eine, alles durchdringende weiße Licht vorstellen, das aber dem Auge erst erkennbar wird, wenn es von einem Prisma in die bunte Mannigfaltigkeit der Spektralfarben gebrochen wird. Das Prisma steht in diesem Bild für den Mythos, und sein Werk ist es, das unfassbare eine Göttliche in der Mannigfaltigkeit der gestalthaften Götter erkennbar zu machen. Jedem Gott eignet dabei das Leuchten des unbedingten Sinns: der unbedingten Bejahbarkeit der Welt – des Göttlichen. Umgekehrt könnte man sagen: Wo immer uns das Aufleuchten des unbedingten Sinns widerfährt – und sei es in einem bayrischen Gehöft an einem Wintermorgen –, da rührt uns, ohne unser Zutun, mitten in der Welt dieses große »Ja« an, das die Griechen »Gott« nannten.

Warum, fragen Sie jetzt vielleicht, erzählt er das alles? Antwort: Weil ich Sie dazu bringen möchte, gegen den Strich zu denken. Weil ich Ihnen vermitteln will, wie anders sich im griechischen Welterleben Sinn erschließt. In dieser mythologischen Deutung der Welt schafft kein mächtiger Schöpfergott kraft seines guten Willens die Welt und garantiert damit ihre Sinnhaftigkeit. Nein, umgekehrt wird ein Schuh draus: Die alten Griechen machten die Erfahrung, dass ihnen inmitten dieser Welt ein unbedingtes »Ja!« sieghaft entgegenjubelt. Und immer da, wo es ihnen begegnete, sagten sie »Gott«. Nicht erschien ihnen die Welt sinnvoll, weil ein Gott sie gewollt und gemacht hat, sondern die Welt erschien ihnen voller Götter, weil sie sich ihnen in mannigfaltiger Gestalt als sinnvoll und bejahbar zeigte und in Göttergestalten offenbarte. Und so wären sie wohl auch nie auf die Idee gekommen, aus Selbstmächtigkeit oder eigenem Willen zur Macht Sinn erfinden zu können. Für sie war klar: So wenig wir Menschen die Götter herbeizwingen können, so wenig können wir kraft unseres Wollens und Machens Sinn erzeugen oder erfinden. Sinn kommt auf uns zu. Und alles, was wir zu tun haben, ist ihn wahr- und annehmen.

Sie ahnen, worauf ich hinauswill? Es geht mir nicht darum, Ihnen die alten Götter anzudienen. Aber ich möchte Ihnen deutlich machen, dass die Griechen Sinn so deuteten, wie sie ihre Götter erlebten: nämlich als gestalthafte

Offenbarungen des einen, umfassenden Seins; und nicht als Gebote und Produkte des einen allmächtigen Schöpfergottes.

Das wird ganz besonders deutlich an der Gestalt des Gottes Apollon. Man könnte ihn auch den Gott des Sinns nennen, denn fast alles, was über ihn und sein Wirken unter den Menschen gesagt wird, lässt sich als eine bildhaft-mythische Theorie des Sinns lesen. Darf ich Ihnen also Apollon vorstellen? Ich verspreche Ihnen: Je besser Sie mit ihm bekannt sind, desto besser werden Sie verstehen, was Sinn am Ende des Tages wirklich ist. Schauen Sie mal, was ein uralter Homerischer Hymnus über ihn verrät: »Denken und nimmer vergessen will ich den Schützen Apollon, / den selbst Götter fürchten, wenn er dem Hause Kronions [= Zeus] / naht; und sie erheben sich gleich, sobald er herankommt, / alle vom Sitz, er aber spannt den schimmernden Bogen.«

Was ist das für ein Gott? Welche Facette des großen kosmischen Lebens offenbart sich hier? Nun, er ist eine ehrfurchtgebietende Erscheinung. Apollon ist der Hoheitsvolle, er trägt auch den Beinamen *Phoibos* – der Strahlende. Wo er naht, erheben sich selbst Götter, so autoritativ ist sein Erscheinen. Umgeben von der Aura des Absoluten, gebietet er Abstand und kommt selbst aus der Ferne. So jedenfalls kennt ihn der Mythos: als einen, der am liebsten in fernen Ländern jenseits der Wälder lebt, von dort aber machtvoll und treffend naht. Deshalb ist er mit Pfeil und Bogen ausgestattet. Sein markantestes Werk ist das Treffen. Seine Pfeile verfehlen nie ihr Ziel. Er ist derjenige, der weiß, wie man trifft – und was zu treffen ist: das Treffliche. Wenn es sich trifft – dann ist das Apoll. Wenn einer eine treffende Bemerkung macht – dann ist das Apoll. Wenn einer das rechte Maß trifft, dann ist das Apoll. Apoll ist der Gott des Treffens. Und was ist es, das er trifft? Das Treffliche! Das Treffliche ist genau das, was stimmt. Ein trefflicher Redner ist der, der genau die Worte trifft, die stimmen. Ein trefflicher Arzt ist der, der genau die Anordnungen trifft, die stimmen. Ein trefflicher Musiker ist der, der genau die Töne trifft, die stimmen. Wobei dieses »stimmen« auf doppelte Weise zu hören ist. Es bedeutet: so, dass etwas zutrifft; aber auch, dass etwas (wie durch eine Stimmgabel) in eine gute Schwingung oder Stimmung gebracht wird – in Übereinstimmung mit sich selbst, in Einklang, in Harmonie.

Beides ist das Werk des Apollon: Er ist der Gott des ES STIMMT. Er ist der Gott des Trefflichen – der Gott des Stimmigen. Er ist der Gott, der der Welt und den Menschen das Maß gibt, an dem maßzunehmen bedeutet, etwas zu treffen und in gute Stimmung zu bringen: sich und die Welt so zu arrangieren, dass ES STIMMT; so, dass wir uns und unsere Werke gutheißen und bejahen können.

Dabei ist nun eines zu beachten: Etwas so zu arrangieren, dass es stimmt – dass es vortrefflich ist, bedeutet tatsächlich, das für dieses »Etwas« einzige, objektive und absolute Maß zu treffen. Deshalb ist Apoll ein autoritativer Gott. Ihm eignet die unbedingte Autorität des Trefflichen, die jeder kennt, der je kreativ tätig war. Wer ein Bild malt, erprobt so lange die Zusammenstellung seiner Farben, bis ES STIMMT. Er muss dieses ES STIMMT herausfinden. Er macht es nicht selbst, sondern es kommt von irgendwoher auf ihn zu – so wie Apollon von irgendwoher kommt. Wer eine Musik komponiert, erprobt so lang die Komposition seiner Akkorde, bis ES STIMMT. Wer einen Menschen heilen will, erprobt so lange seine Medikamente und Anwendungen, bis das Gleichgewicht seines Patienten wieder hergestellt ist und ES STIMMT. Jede Kunst und Kunstfertigkeit steht unter diesem absoluten und autoritativen Anspruch. Das ES STIMMT ist das Treffliche, das Maßgebliche.

Genau mit diesem Anspruch spricht Apoll zu den Menschen. Weil sein Werk das Stimmen ist, zeigt er sich immer dort, wo Vieles zu Ganzem gefügt sein will: In der Heilkunst trägt er Sorge dafür, dass die mannigfaltigen Organe, Funktionen und Energien des Körpers so ineinandergreifen, dass ES STIMMT – was wir dann Gesundheit nennen oder Heilung. In der Musik trägt er Sorge dafür, dass die mannigfachen Töne, Instrumente und Klänge sich so zueinander fügen, dass Harmonie und Resonanz dabei entstehen. In der Politik trägt er Sorge dafür, dass die vielen Bürger eines Gemeinwesens so miteinander interagieren, dass ihre Gemeinschaft in Balance bleibt – was wir dann Gerechtigkeit nennen. Immer ist er derjenige, der in Ordnung bringt. Immer ist er derjenige, der den Vielen den Ort weist, so dass ein Ganzes entsteht. Und immer strahlt sein Glanz in der Welt, wo etwas in vollkommener Harmonie, Balance und Ordnung, in perfektem Gleichgewicht erscheint: so, dass man es ohne Wenn und Aber bejahen und gutheißen kann; so, dass es ohne Wenn und Aber sinnvoll ist. Einfach für sich – ohne Zweck und ohne Nutzen, nicht gewollt und nicht gemacht. Einfach so, weil es stimmt. Und sei es das Licht in einem bayrischen Gehöft. Ich bin mir sicher: Was Viktor Frankl bei seinem Arbeitsdienst erlebte, hätte ein alter Grieche womöglich als Erscheinung des Apollon beschrieben.

So ist Apollon der Strahlende, ihn umgibt die Aureole des Sinns, und sein Erscheinen ist grenzenlose Schönheit. Er ist die Bejahbarkeit selbst, deren Wesen darin liegt, dass ES STIMMT. Dieses ES STIMMT – ich muss es noch einmal wiederholen – ereignet sich mitten in dieser Welt. Und immer da, wo es sich ereignet, sagte der Grieche »Apollon« und verehrte in diesem Namen das große Geheimnis des Lebens.

So, genug davon! Was hat das alles mit Philosophie zu tun? Das ist doch Mythologie! Stimmt, aber es ist die Mythologie, aus deren Geist die griechische Philosophie entsprungen ist. Ja, ich behaupte: Die alte griechische Philosophie, bis hin zu Platon, ist nichts anderes als der Versuch, die Weisheit und Weltsicht der mythischen Zeit in die neue Sprache des Logos zu übersetzen. Ich behaupte ferner, dass die alte mythische Erfahrung der Götter in der Sprache der Philosophie als eine stimmige Theorie des Sinns wiederkehrt. Und ich behaupte drittens, dass diese Theorie des Sinns uns nicht nur die lebensrettende Sinnerfahrung eines Viktor Frankl verständlich macht, sondern auch uns selbst eine Sinnperspektive öffnet, die uns mit Lebenskraft und -freude erfüllt. Neugierig? Dann lassen Sie uns bei den Griechen bleiben. Dann freuen Sie sich mit mir auf Platon. Denn den müssen wir jetzt konsultieren, weil in seiner Philosophie ganz unverblümt der alte Apollon zu neuen Ehren gebracht wird. Und zwar genau dort, wo es um das Höchste, Tiefste, Letzte oder jedenfalls Wichtigste geht, was Platon seinen Lesern ans Herz legen wollte: die Idee des Guten. Wobei ich erwähnen sollte, dass ich Platons »Idee des Guten« als dasjenige verstehe, was ich den Sinn des Sinns nenne – dasjenige, was verstanden haben muss, wer verstehen will, was Sinn ist. Also das, wonach wir suchen ...

Nun werde ich Ihnen wohl oder übel in der gebotenen Kürze der Zeit erläutern müssen, was die Idee des Guten ist. Was sich nicht ganz einfach gestaltet, weil wir dafür zweierlei Dinge vorweg klären müssen: Was eine Idee ist und was das Gute ist. Aber keine Angst, das bekommen wir hin. Hier ist erst einmal die einschlägige Stelle aus Platons großer Abhandlung *Der Staat*. Es spricht Sokrates:

> »Du wirst wohl einräumen, glaube ich, dass die Sonne den sinnlich sichtbaren Gegenständen nicht nur das Vermögen des Gesehen-Werdens verleiht, sondern auch Werden, Wachsen und Nahrung, ohne dass sie selbst ein Werden ist? – Wie sollte sie das sein! – Und so räume denn auch nun ein, dass dem Verstehbaren von dem Guten nicht nur das Verstanden-Werden zuteilwird, son-

> dern dass ihm dazu noch von jenem das Sein und die Seiendheit kommt, ohne dass das GUTE ein Seiendes wäre, da es doch das Sein an Hoheit und Macht übertrifft. – Da rief Glaukon mit feinem Wortwitze aus: Apollon! Welch göttliches Übertreffen!«

Man hört schon, dass hier eine steile These vorgetragen wird. Und Sie können sich vorstellen, dass Bibliotheken gefüllt wurden, um herauszufinden, was Platon eigentlich mit jenem Guten meint, das »das Sein an Hoheit und Macht übertrifft« – und das gleichzeitig als Garant der Verstehbarkeit und als Grund des Seins vorgestellt wird. Nun, meine These dazu: Es ist exakt die Sinnhaftigkeit des Kosmos, deren mythologischer Name Apollon lautet: der Gott des Sinns (= der Sinn von Sinn); dasjenige, was verstanden haben muss, wer verstehen will, was Sinn ist. Diese These möchte ich nun untermauern, indem ich uns zunächst die Frage vorlegen will, inwiefern Sinn – laut Platon – die Verstehbarkeit des Verstehbaren garantiert; und dann darzustellen versuche, inwiefern Sinn – platonisch gedacht – die Welt im Innersten zusammenhält.

Idea –
Platons Einrichtungshaus

Der Scheinwerfer.
Meditationen über den Sinn der Espressotasse

Platons Wort für Sinn ist »Idee« (griech.: *idéa* oder *eîdos*) und bedeutet so viel wie »Anblick«. Damit ist sowohl der Anblick gemeint, den ich von etwas habe, als auch der Anblick, mit dem jemand oder etwas mich anblickt. Das klingt auf Anhieb komisch, tatsächlich aber legt Platon uns die Vorstellung nahe, die Phänomene dieser Welt blickten uns an – kämen gleichsam auf uns zu. Sie zeigten uns nachgerade ihr Gesicht, so dass wir sie als dasjenige identifizieren können, was sie sind. Ideen sind – anders gesagt – dasjenige, was mir entgegenleuchtet und in diesem Sinne einleuchtet, so dass ich sagen kann: »Ah, dieses Dingsda ist ein – was nehme ich nur für ein Beispiel? – Kugelschreiber.« Kurz: Eine Idee ist etwas, das sich gestalthaft an den Phänomenen dieser Welt zeigt und sie dadurch identifizierbar macht. Aber das ist nur ein Aspekt dessen, was eine Idee ist – der »objektive Aspekt«, wenn man so will. Daneben gibt es auch einen »subjektiven Aspekt«, denn wenn es mir gelingt, etwas als etwas – also das Dingsda als Kugelschreiber – zu identifizieren, dann deshalb, weil auch ich die Idee »Kugelschreiber« in mir trage und deswegen in der Lage bin zu erkennen, dass es sich bei dem Dingsda um einen Kugelschreiber handelt. Das Ereignis des Erkennens (oder Identifizierens) ist so gesehen ein *Sich-Treffen*: Die Idee in mir (meine subjektive Hinsicht) trifft sich mit der Idee am Dingsda (sein objektiver Anblick). Erkennen ist die *Überein-Stimmung* der Idee in mir mit der Idee des Dingsda. Die Idee ist das Vermittelnde, vermöge dessen dieses Sich-Treffen und Überein-Stimmen geschieht – sie ist gleichsam der Scheinwerfer, in dessen Licht das unbestimmte Dingsda als ein bestimmter Kugelschreiber zum Vorschein kommt. Ich gewahre nun das Dingsda im Lichte der Idee Kugelschreiber – und wo ich das tue, habe ich verstanden, was das Dingsda ist. Nun kenne ich den Sinn des Dingsda.

»Hm«, höre ich Sie rufen, »dann wäre aber doch der Sinn des Dingsda nichts anderes als dessen Bedeutung! Aber genau diesen Gedanken wollten Sie uns doch austreiben, Herr Philosoph!« Richtig, richtig – aber ich bin ja noch nicht fertig. Lassen Sie mich einen Augenblick bei den Ideen verweilen und das Bild vervollständigen, das wir brauchen, um sie zu verstehen. Aber vielleicht brauchen Sie erst einmal eine Pause. Ja? Dann wäre jetzt genau der richtige Zeitpunkt dafür. Trinken Sie gerne Espresso? Perfekt, machen Sie sich rasch einen, und kommen Sie dann bitte zu mir zurück; und zwar mit Ihrer Espressotasse. Das ist wichtig.

PAUSE.

Wunderbar, da sind Sie wieder. Und mitgebracht haben Sie Ihre Espressotasse? Sehr gut, denn die brauchen wir jetzt.

Aber Achtung, aufgepasst! Haben Sie das Wunder bemerkt, das sich gerade zugetragen hat? – Nicht? – Dann lassen Sie es mich verraten: Sie haben etwas verstanden!

Sie haben verstanden, dass ich Sie nach einer Espressotasse gefragt habe. Und Sie haben daraufhin ein Dingsda aus Ihrem Küchenschrank geholt, von dem Sie meinen, dass es das ist, was mitzubringen ich Sie mit meinen Worten gebeten habe. Ist das nicht unglaublich? Ich benutze ein Wort, »Espressotasse«, Sie wenden dieses Wort an auf ein Dingsda in Ihrem Küchenschrank, Sie nehmen dieses Dingsda und machen etwas damit. Sie trinken nämlich Ihren Espresso daraus. Das alles funktioniert nur – behaupte ich –, weil Sie verstanden haben, was eine Espressotasse ist; weil Sie die Idee (= den Sinn) der Espressotasse kennen. Und das bewährt sich sowohl daran, dass Sie das Wort »Espressotasse« verstehen, als auch das Dingsda in Ihrem Küchenschrank als Espressotasse identifizieren. Sie wissen, dass beides, Wort und Dingsda, Erscheinungsformen desselben sind – nämlich der Idee (= des Sinns) der Espressotasse. So gesehen kann man tatsächlich sagen, dass die Idee (= der Sinn) der Espressotasse die Bedeutung von Wort und Dingsda ist. Aber es wäre falsch zu sagen, dass die Idee (= der Sinn) der Espressotasse nichts anderes als die Bedeutung von Wort und Dingsda ist. Und zwar deshalb, weil damit nicht erklärt ist, wodurch die Bedeutung der Espressotasse – ihr Sinn, ihre Idee – eigentlich definiert ist. Und da wird die Sache ungleich schwerer – weshalb sich ganze Heerscharen von Philosophen darüber entzweit haben.

Wie kommen wir hier weiter? Mein Vorschlag: Indem wir uns fragen, woran sich bewährt, dass Sie wirklich die Idee (= den Sinn) der Espressotasse verstanden haben. Dafür ist es nämlich nicht damit getan, dass Sie das Dingsda aus Ihrem Schrank geholt haben – sondern dafür müssen Sie wissen, wie Sie damit umzugehen haben, das heißt: wozu sie gut ist. Denn stellen Sie sich vor, Sie sind bei mir zu Gast, und ich sage Ihnen: »Holen Sie mir doch bitte mal eine Espressotasse«, und dann gehen Sie zu meinem Schrank und finden nichts darin, was den Espressotassen ähnlich sieht, die Sie von daheim kennen. Sie würden vermutlich dasjenige Objekt darin auswählen und mitbringen, von dem Sie am ehesten annehmen können, dass es sich für den Gebrauch als Espressotasse eignet. Und wenn Sie mit einem dickwandigen Eierbecher mit Henkel zu mir zurückkommen, dann würde ich sagen: »Bravo, Prüfung bestanden! Sie kennen die Idee (= Sinn) der Espressotasse, denn Sie wissen, welchen Nutzen ein Dingsda erfüllen muss, um sich den Namen ›Espressotasse‹ zu verdienen.« Was so viel sagen will, wie: Um die Idee (= Sinn) einer Espressotasse zu verstehen, müssen Sie wissen, wozu sie gut ist, Sie müssen ihren Zweck kennen.

»Halt, Stopp!«, höre ich Sie da wieder rufen. »Haben Sie uns nicht weiszumachen versucht, Herr Philosoph, dass wir falschliegen, wenn wir sagen, der Sinn einer Sache sei nicht mehr und nicht weniger als ihr Zweck oder Nutzen?« – Richtig, das habe ich gesagt. Aber warten Sie noch einen Augenblick. Dann habe ich Ihnen hoffentlich deutlich gemacht, inwiefern die Idee eines Dingsda zwar auch dessen Bedeutung und dessen Nutzen anzeigt, aber eben noch eine weitere Komponente hat, ohne die unser Verständnis von Sinn flach bleibt – nicht falsch, aber flach; so flach wie die Klassiker, die wir uns in der ersten Halbzeit angeschaut haben.

Also, um die alles entscheidende Pointe der Platonischen Sinn-Theorie – das, was man gerne seine »Ideenlehre« nennt – auf die Reihe zu bekommen, müssen wir noch einen Schritt weitergehen. Und dafür dürfen Sie nun erstmal einen Schluck aus Ihrer Tasse nehmen ... Und? Ist der Espresso noch warm? Nicht? Dann war Ihre Espressotasse nicht gut – zu dünnwandig vielleicht. Oder war es womöglich gar keine Espressotasse, sondern eine Cappuccinotasse, die schlicht zu groß ist, um den Espresso warm zu halten? – Merken Sie, worauf ich hinauswill? Wenn Sie die Idee (= Sinn) einer Espressotasse wirklich (!) verstehen wollen, dann reicht es nicht zu wissen, *wozu* sie gut ist, sondern Sie müssen darüber hinaus herausgefunden haben, *wie* sie gut ist – um in unserem Beispiel zu bleiben, was eine gut gemachte von einer schlecht gemachten Espressotasse unterscheidet. Erst da bewährt sich Ihre Kenntnis der Idee (= Sinn) einer Espressotasse. Sie müssen wissen, was es rechtfertigt, dieses als Espressotasse identifizierte Dingsda gutzuheißen, zu bejahen. Dieses Wissen erschließt sich Ihnen nur im direkten Umgang mit der Tasse, nur so lernen Sie, worauf es ankommt. Und dieses Wissen lässt sich so beschreiben, dass Sie – sofern Sie es sich in langen Feldforschungen in Espressobars angeeignet haben (sehr zu empfehlen, übrigens!) – zu sagen wissen, was man beachten muss, wenn man eine gute Espressotasse machen möchte. Wenn Sie also bei mir zu Gast sind und behaupten, die Idee (= Sinn) einer Espressotasse zu kennen, würde ich sagen: »Das wollen wir doch mal sehen«, Ihnen einen Klumpen Ton in die Hand drücken und Sie bitten, mir eine Espressotasse zu machen. Denn als alter Platoniker sähe ich Ihren Anspruch nur dann eingelöst, wenn Sie unter Beweis stellen können, dass Sie wissen, wie die mannigfaltigen Moleküle dieses Tonklumpens arrangiert sein sollten, damit aus dem ungestalten Vielen ein in sich stimmiges und in diesem Sinne be-stimmtes Ganzes entsteht; wie eine optimale, vollkommene Espressotasse beschaffen sein müsste. Denn die Idee (= Sinn), so wie Platon es vorschlägt, ist nichts anderes als die optimale Struktur, bei der die Mannigfaltigkeit der in ihr gestalteten Teile zu einem vollkommenen Ganzen gefügt ist. Sie ist, anders gesagt, die innere Stimmigkeit und Harmonie eines Phänomens. Sinnvoll ist die Espressotasse dann, wenn sie so gemacht ist, dass ES STIMMT – dass sie sich im Gebrauch bewährt und damit bejahbar ist.

»Aber«, werden Sie jetzt sagen, »diese innere Stimmigkeit, dieses Gut-Sein der Espressotasse richtet sich doch ausschließlich danach, wofür sie gut ist – welchen Zweck sie erfüllen muss. Dieser Zweck entscheidet doch darüber, wie der Tonklumpen gestaltet werden muss, damit eine gute Espressotasse daraus wird.« – Richtig, bei Espressotassen ist das so, denn Espressotassen gibt es nur, weil sie einen bestimmten Zweck erfüllen sollen. Sie sind Menschenwerk. Deshalb tut es not, ihren Zweck zu kennen, wenn man ihren Sinn verstehen will. Aber das Wissen ihres Sinns bewährt sich erst dann, wenn wir – durch die Erfahrung im Umgang mit den Phänomenen – wissen, wie eine Espressotasse sein muss, damit sie diesem Zweck Genüge leistet. Ohne Kenntnis ihrer inneren Ordnung, ihrer inneren Struktur, bleibt unser vermeintliches Wissen um den Sinn (= Zweck) flach. Uns fehlen die Kriterien, um wirklich beurteilen zu können, ob wir eine konkrete Tasse gutheißen und bejahen können, wenn wir nicht wissen, *wie* eine optimale Espressotasse beschaffen sein muss.

Das ist der entscheidende Punkt, an dem sich herausstellt, ob ich den Sinn einer Espressotasse verstanden habe oder nicht. Und zwar deshalb, weil diese Charakteristika einer Idee (= Sinn) – vollkommene innere Stimmigkeit, Ordnung, Struktur, Harmonie – sich auch da zur Klärung des Sinn-Ereignisses eignen, wo wir es mit Phänomenen zu tun haben, die nicht von Menschenhand um eines bestimmten Zweckes willen geschaffen sind. Und das sind noch immer mit Abstand die meisten: Blumen zum Beispiel, der Sternenhimmel oder Kunstwerke. Auch sie sind sinnvoll. Oder – platonisch gesprochen – auch sie erscheinen im Lichte von Ideen. Und das, obwohl sie vollkommen nutzlos sind; obwohl man nicht sagen kann, wozu sie gut sind. Weil sie einfach aus sich heraus gut, bejahbar, sinnvoll sind. Dem müssen wir noch etwas nachspüren.

Die Stimmgabel. Sinn ist Harmonie

Haben Sie frische Blumen im Haus? – Nicht? Schade. Sie sollten welche haben, denn Blumen sind sinnvoll. Und es schadet nie, sich mit Sinnvollem zu umgeben. Aber das ist ein anderes Thema, auf das ich später noch einmal zurückkomme. Wenn Sie also gerade keine Blume zur Hand haben, dann stellen Sie sich einfach eine vor. Damit ist auch schon viel getan.

So, und jetzt frage ich Sie: Was ist der Sinn dieser Blume? – Hm, Sie stocken, Sie zögern. Verständlicherweise. Denn eines wird deutlich: Die Deutung von Sinn, die wir anhand der Espressotasse versucht haben, lässt sich nicht umstandslos auf die Blume übertragen. Anders als bei der Espressotasse lässt sich im Blick auf die Blume nicht so einfach sagen, wozu oder wofür sie gut ist. Anders gesagt: Sie können nicht auf die Schnelle den Zweck oder Nutzen einer Blume benennen. Auch wenn eine Blume sicher im Großen und Ganzen der Natur nützlich und zweckmäßig ist, so ist die Sinnhaftigkeit, die an ihr aufleuchtet, wenn wir sie offenen Auges wahrnehmen, dennoch nicht an eine solche Zweckmäßigkeit gekoppelt. »Die Ros' ist ohn' Warum. Sie blühet, weil sie blühet«, sagte der Mystiker und Barock-Dichter Angelus Silesius mit gutem Grund. Sie blüht. Und indem sie blüht, stimmt sie; indem sie blüht, ist sie in Ordnung; indem sie blüht, ist sie bejahbar, gut und sinnvoll. Und auf eigentümliche Weise verstehen Sie diese Blume, indem Sie sie betrachten, ihren Duft riechen, ihre Blätter fühlen und womöglich sogar ihren Geschmack erproben. Sie sagen: »Wow, ist das schön!« und können die Blume gutheißen. Sie bejahen sie und finden sie sinnvoll – selbst wenn sie komplett nutzlos ist.

Die Symphonie der Erscheinung, dieses Miteinander unterschiedlicher Aspekte, lässt Sie die Blume zugleich gutheißen und als eine bestimmte Blume, etwa eine Rose, identifizieren. Das ist dann gar nicht so viel anders als bei einer Espresso- oder Cappuccinotasse. Aus Erfahrung wissen Sie, dass diese besondere Konstellation von Farbe, Form, Geruch, Gefühl, Geschmack eine Ganzheit bildet, die Sie Rose nennen. Sie haben einen Sinn für Rosen, der es Ihnen erlaubt, Rosen immer wieder als Rosen zu erkennen. Mit Sinn und Sinnlichkeit haben Sie Ihren Sinn für die Rose geschult, so dass Sie den Sinn der Rose kennengelernt haben. Und dieser Sinn ist nicht gemacht und nicht geschaffen. Er hat nichts von Nutzen und Zweck. Er ist nicht das *Wozu* der Rose, sondern er liegt in ihrem in sich stimmigen So-Sein. Und dieses in sich stimmige, harmonische So-Sein meinen wir, wenn wir unserer Sinnerfahrung mit der Rose, ihrer unbedingten Bejahbarkeit Ausdruck verleihen, indem wir sagen: »Ist die aber schön!« Denn im Lichte ihrer Idee zeigt sich die Rose nicht einfach nur als Rose, sondern dieses Licht verleiht ihr zudem den – apollinischen – Glanz der Schönheit, deren Geheimnis nichts anderes ist als eben Harmonie und ES STIMMT.

Um diesen Gedanken mit einer weiteren Erfahrung zu unterfüttern, möchte ich auf die Kunst zu sprechen kommen. Besonders auf die Musik, denn nichts kann das Geheimnis des Sinns so einleuchtend zu verstehen geben wie Musik. Denken Sie dafür an ein Musikstück Ihrer Wahl – bitte instrumental, ohne Worte. Es geht darum, deutlich zu machen, dass Sie Musik verstehen können, und zwar auch dann, wenn sie vollkommen bedeutungslos ist,

Ihnen also nicht etwas Bestimmtes zu verstehen geben will; anders also als bei »Peter und der Wolf«, wo das Fagott jedes Mal »Großvater« bedeutet. Aber solche Bedeutungen sind eine Ausnahme. Normalerweise bedeutet Musik nichts. Normalerweise verweist sie nicht auf etwas anderes und erfüllt auch keinen Zweck. Sie klingt einfach nur für sich, und so wie sie ist, ist sie doch absolut sinnvoll. Sie verstehen sie genau; und zwar ohne dass Sie sagen könnten, was genau Sie an ihr verstehen – keinen Zweck und keine Bedeutung.

Was ist es dann, das die Sinnhaftigkeit der Musik ausmacht? Meine Antwort kennen Sie schon: ihre Stimmigkeit, ihre Harmonie. Es ist ihre innere Ordnung, die sich im Fluss der Zeit immer wieder auflöst und immer wieder herstellt; und bei aller schöpferischen Freiheit dabei doch einer eigenen, unwiderstehlichen Logik folgt: der Logik der Resonanz. Wenn Sie selbst musizieren, kennen Sie das. Ob Sie es nun wollen oder nicht: Ein Orchester, ein Chor, aber auch Sie ganz allein für sich können gar nicht anders, als Dissonanzen in Harmonien aufzulösen. Das klingende System Musik verlangt unabweisbar und autoritativ nach innerer Stimmigkeit – nach Sinn. Es muss stimmen. Und es kommt nicht wirklich zur Ruhe, solange es nicht stimmt.

Darin ist Musik zugleich Metapher und Manifestation des Lebens. Denn was für das lebendige Klangsystem eines Orchesters gilt, lässt sich mühelos auf alle lebendigen Systeme anwenden: Alles, was lebt, ist auf innere Stimmigkeit und Harmonie angelegt. Sie auch. Ihr Körper sucht nach

Balance, Ihre Seele sucht nach Gleichgewicht, Ihr Geist sucht nach Harmonie. Und nicht nur das: Auch in Ihrer Partnerschaft suchen Sie Gleichgewicht, in der Firma, im Verein; ja die ganze Gesellschaft, in der Sie leben, braucht inneres Gleichgewicht und inneren Einklang – und zwar so, dass dabei nicht alles über einen Kamm geschoren wird und alle Katzen für grau erklärt werden. In einer wahren Harmonie können die Einzelnen je für sich ganz sie selbst, dabei aber doch so zueinander ins Verhältnis gesetzt sein, dass ein Ganzes, Stimmiges dabei entsteht. Ganz so, wie ein Musikstück nicht dadurch überzeugt, dass nur noch ein Ton erklingt (das wäre ziemlich eintönig), sondern eine kaum überschaubare Fülle von Tönen so für sich klingen kann, dass ein stimmiges Ganzes dabei erschallt. Das ist Harmonie, das ist ein mit oder in sich resonantes System. Und das ist es, was wir als seine Sinnhaftigkeit wahrnehmen und gutheißen; was wir schön finden.

Lassen Sie uns an diesem Punkt kurz innehalten und einen Zwischenstand festhalten: Folgen wir Platons Theorie des Sinns, so wie er sie in seiner Ideenphilosophie entwickelte, dann stellt sich heraus, dass Sinn zu verstehen bedeutet: das Gut-Sein eines Phänomens zu verstehen – wobei Gut-Sein beschrieben ist als dessen spezifische und wiedererkennbare innere Stimmigkeit, wohlgefügte Ordnung, Harmonie. Man könnte auch sagen: Sinn ist eine harmonische Schwingung, die sich an einem Phänomen zeigt – und mit der in Resonanz zu schwingen so viel heißt wie, es zu verstehen. Das Ereignis des Sinns ließe sich dann beschreiben als das Ereignis der Resonanz, bei dem ich als

Verstehender und das von mir verstandene Phänomen in harmonischem Einklang schwingen; was sich darin ausdrückt, dass nicht nur das Phänomen, das ich verstehe, mir bejahbar und schön erscheint, sondern dass ich auch das Ereignis selbst absolut bejahbar, gut und schön finde.

Nun hoffe ich, damit verständlich gemacht zu haben, was Platon meinte, als er sagte: DAS GUTE ist die Ursache dafür, dass einem Verstehbaren das Verstanden-Werden zuteilwird: Im Lichte einer Idee (= Sinn) wird etwas als das erkennbar, was es ist; d.h. als was es gutgeheißen werden kann. Weil die Idee zu verstehen gleichbedeutend damit ist zu verstehen, was die besondere, in sich stimmige, harmonische Schwingung oder Struktur eines Phänomens ausmacht – sein Gut-Sein.

Die Weltzeitlosen. Ideen sind und sind nicht von dieser Welt

Aber das ist noch nicht alles. Den faszinierendsten und – zumindest für Nietzsche – anstößigsten Aspekt der Platonischen Ideenphilosophie (also seiner Theorie des Sinns) habe ich Ihnen noch vorenthalten. Nämlich seine These, dass Ideen zeitlos, ewig, göttlich, absolut etc. sind. Besonders die Denker des Mittelalters liebten diese Lehre, weil sie meinten, Ideen deshalb als die ewigen Gedanken Gottes deuten zu dürfen, und so behaupten konnten, dass den Sinn der Welt und des Lebens zu verstehen heißt, diese Bedeutungen der Dinge im Intellekt Gottes aufzuspüren. Aber das war nicht das, was Platon meinte. Platon ist – entgegen dem hartnäckigsten Irrtum der Philosophiegeschichte – nicht der Erfinder der »Ideenwelt«, nicht der lügnerische Erdichter von Nietzsches verhassten »Hinterwelten«. Für Platon ist ganz klar: Sinn ist immer nur der Sinn von Phänomenen. Ideen sind immer nur der Anblick, mit dem die Phänomene der Welt sich uns zeigen. Sinn erscheint und lässt erscheinen – und das inmitten der Zeit, an vergänglichen und zerbrechlichen Phänomenen. Und doch öffnet sich mit seinem Erscheinen unausweichlich eine Dimension, die außerhalb der Zeit liegt. Sinn ist zeitlos – und das Ereignis des Sinns ist der Einbruch der Ewigkeit inmitten der Zeitlichkeit. Das heißt: Wenn ES STIMMT, wenn ein Kunstwerk, eine Musik oder was auch immer mit sich und Ihnen in harmonischer Resonanz schwingt, dann öffnet sich ein Fenster, wodurch das Ewige in Ihr Leben strahlt. Denn dieses ES STIMMT hat eine Qualität, die bleibt, die nicht anders sein kann und die jederzeit immer neu erschlossen oder gefunden, niemals aber gemacht werden kann.

Das klingt zunächst schräg, was wohl daher rührt, dass ganze Heerscharen von Philosophen ihren Scharfsinn darauf gewendet haben, allen Platonikern vorzurechnen, es sei abwegig, so etwas wie einen ewigen und zeitlosen Sinn der Phänomene anzunehmen. Was uns aber nicht davon abhalten sollte, noch ein bisschen in der Spur des alten Platon zu wandeln und versuchsweise den kühnen Gedanken zu wagen, dass Ideen (= Sinn) tatsächlich einer anderen Dimension des Seins angehören als alles, was wir sonst so kennen.

Wollen wir auch dazu ein kleines Experiment probieren? Es ist eigentlich ganz einfach. Nehmen Sie noch einmal Ihre Espressotasse. – Ah, sie ist leer. Na dann: Machen Sie sich einen neuen. Sie haben's sich verdient!

PAUSE.

Okay. Also, wir haben gesagt: Durch Gebrauch und Umgang mit der Espressotasse haben Sie herausgefunden, was der Sinn dieses Dingsda ist, nämlich dass man daraus gut und bequem einen Espresso trinken kann. Dieses Wissen bewährt sich darin, dass Sie eine Espressotasse von einem Eierbecher (oder sonst was) unterscheiden können; und es bewährt sich darin, dass Sie im Zweifelsfall wissen, wie man eine Espressotasse machen kann. Gut. Und jetzt behaupte ich mit Platon: Diesen Sinn haben Sie nicht selbst *er*funden, sondern Sie haben ihn *ge*funden. Platon würde sagen: Sie haben sich an ihn erinnert; im Laufe der Zeit, mithilfe vieler vergänglicher Espressotassen. Nun sagen Sie vielleicht: Okay, für mich trifft das zu, nicht aber für denjenigen, der irgendwann die Espressotasse erfunden hat. Denn in der Steinzeit gab's noch keine, und vom Himmel wird sie auch nicht gefallen sein. Irgendwer muss sie zuerst gemacht haben. Es muss also einen Erfinder der Espressotasse geben, einen, der diesen Sinn gemacht hat – der ihn nicht ge-, sondern erfunden hat.

Gut, das kann man so beschreiben, aber das ändert nichts an folgendem merkwürdigen Sachverhalt: Wenn Sie hingehen und alle Espressotassen der Welt zertöppern, so dass keine einzige mehr übrig bleibt, haben Sie doch nicht den Sinn der Espressotasse aus der Welt geschafft. Denn es ist sehr wohl möglich, dass am nächsten Tag ein findiger Schwabe kommt und eine Espressotasse macht. Da frage ich nun: Hat der den Sinn der Espressotasse *er*funden oder *ge*funden? Doch wohl *ge*funden bzw. *wiederge*funden. Und ich frage weiter: Was hindert uns zu glauben, dass das auch schon bei dem Kerl der Fall war, von dem wir bisher glaubten, er sei ihr Erfinder gewesen?

»Was soll das?«, fragen Sie jetzt vielleicht zurück. – Nun, es soll zeigen, dass Sinn eine Realität von anderer Art ist als das Sinnvolle, an dem er sich zeigt: dass Sinn mit den Kategorien von Raum und Zeit nicht zu fassen ist; weil er sich zwar in Raum und Zeit manifestiert, aber nicht mit der Frage nach dem »wo« oder »wann« dingfest gemacht werden kann. Sinn ist und ist und ist – und wenn wir ihn nicht sehen oder finden, dann liegt das nicht an ihm, sondern an uns. Hat man sich das einmal klargemacht, ist es vielleicht gar nicht mehr so abwegig, dass Platon einst meinte, das Verstehen von Sinn könne am besten beschrieben werden als Wieder-Erinnern – auf keinen Fall aber als ein Machen oder Herstellen.

Diese sonderbare Zeit- und Raumlosigkeit des Sinns scheint mir für unser Thema von größter Relevanz zu sein. Denn wir suchen ja einen Sinn, der uns durchs Leben trägt, auf den wir uns verlassen können, und der nicht hin ist, wenn irgendetwas in unserem Leben zertöppert wird wie eine Espressotasse – einen Sinn, den zu erfahren uns das große, Franklsche »Ja!« zum Leben sagen lässt.

Die gute Nachricht, die ich Ihnen am Ende dieses Abschnitts zurufen möchte, lautet: Es gibt so etwas wie einen bleibenden und tragenden Sinn in Ihrem Leben; einen, den Sie erfahren und genießen können, wenn Ihr Leben – wie eine schöne Musik – in sich stimmig, harmonisch, wohltemperiert ist; wenn Sie mit sich und der Welt im Einklang sind. Was selbst dann der Fall sein kann, wenn Ihnen Ihr Tun und Lassen bedeutungs- und zwecklos erscheint, wenn es nicht nach Maßgabe Ihrer Wertsetzungen moralisch integer ist, wenn es nicht von Ihnen gemäß Ihrer Selbstinterpretation gestaltet ist.

Wie die Erfahrung dieses Sinns für Sie in Ihrer konkreten Lebenswirklichkeit aussehen wird, kann ich Ihnen natürlich nicht sagen. Das kann Ihnen niemand sagen, weil Sie es nur im Umgang mit sich selbst herausfinden können. Nur so viel scheint mir mit den Mitteln der Philosophie gesagt werden zu können: So oder so wird es ein Ereignis sein, bei dem Sie sagen »ES STIMMT«. Ihr Leben wird in dem Augenblick, in dem Sie das sagen, eine Tiefe und Weite bekommen, die es Ihnen erlaubt, es gutzuheißen und (trotzdem) »Ja!« zum Leben zu sagen, weil Sie herausgefunden haben, dass es eine innere, ihm eigene Sinnhaftigkeit besitzt, die nichts und niemand Ihnen nehmen kann. Und diese Harmonie ist, wenn sie sich ereignet, immer absolut. So gesehen wird nun verständlich, was Viktor Frankl über die echte, tiefe und tragende Sinnerfahrung sagte: »Bei der *Sinnwahrnehmung* handelt es sich um die Entdeckung einer Möglichkeit vor dem Hintergrund der Wirklichkeit. Und diese Möglichkeit ist jeweils einmalig. Sie ist vergänglich. Aber auch nur sie [= die Möglichkeit, die Chance] ist vergänglich. Ist eine

Sinnmöglichkeit einmal verwirklicht, ist der Sinn einmal erfüllt, so ist er es nämlich ein für allemal.« Die Möglichkeit, an jenem Wintermorgen im Aufleuchten eines Lichtes in einem fernen Gehöft ein Sinnangebot zu gewahren, war vergänglich. Aber da Frankl sie annahm, wurde sie so einleuchtend, so unbestreitbar und zeitlos, dass sie ihn zu tragen vermochte. Das Ereignis ist vergangen und hat sich verflüchtigt, aber es hat doch eine Spur hinterlassen, die bis in sein Buch und von dort bis zu uns reicht. Und so wird es auch Ihnen gehen, wenn sich Ihnen in einem Augenblick der Sinn Ihres Lebens zeigt. Dann wissen Sie bis in die Tiefen Ihres Körpers hinein, wie es sich anfühlt, wenn ES STIMMT. Sie kennen und fühlen den Grundakkord Ihres Lebens, diese Schwingung, die STIMMT – die Stimmung des großen »Ja!«, die zwar oft verfehlt wird, aber dennoch als Möglichkeit immer da ist. Weshalb es auch möglich und überaus wünschenswert ist, dass dieser Grundakkord zu unterschiedlichen Zeiten, an unterschiedlichen Orten, unter unterschiedlichen Voraussetzungen erneut in Ihnen zum Klingen kommt. Dann wird er womöglich anders klingen – und sich dabei doch ebenso als dieses ES STIMMT der inneren und äußeren Harmonie beschreiben lassen.

Psyche – Alles, was lebt, will Harmonie

Damit haben wir nun die wichtigsten Puzzlestücke zu Platons Theorie des Sinns zusammengetragen. Jetzt müssten wir so einigermaßen klar haben, inwiefern er behaupten konnte, Ideen (= Sinn) seien dasjenige, was die Verstehbarkeit des Verstehbaren garantiert: weil sie nämlich das zeitlose ES STIMMT eines jeden Phänomens sind. Aber in der zitierten Passage aus dem *Staat* sagt Platon ja nicht nur, das GUTE sei Ursache für das Verstanden-Werden des Verstehbaren. Er sagt auch, es sei Ursache für das Sein des Seienden. Und das ist nun nicht mehr eine These zur Erkenntnistheorie, sondern zur Ontologie – zu derjenigen philosophischen Disziplin, die sich zu erklären anschickt, was wir eigentlich meinen, wenn wir sagen: »Etwas ist«; oder warum überhaupt etwas ist und nicht vielmehr nichts.

Die These, die Platon uns offenbar schmackhaft machen will, lautet: Seiendes ist überhaupt nur deshalb, weil Sinn ist. Anders gesagt: Gäbe es keinen Sinn, so gäbe es gar nichts. Nochmal anders gesagt: Nur weil *Es* gut ist, gibt *Es* etwas. Wobei das kursiv gesetzte *Es* ein großes Rätsel ist. Oder auch nicht, denn für die klassische Theologie ist dieses *Es* schlicht eine Chiffre für den einen Schöpfergott, der die Welt machen wollte, und dessen Wille zur Welt sowohl deren Sein als auch deren Sinn verbürgt. Aber in der griechischen Seinsauslegung haben wir keinen Schöpfergott. Und da stellt sich nun die Frage: Wer ist *Es*, der hier gut ist und dessen Güte das Sein der Phänomene verbürgt? Die Antwort der griechischen Philosophen lautet einhellig: *phýsis* – was meistens mit Natur übersetzt wird, in Wahrheit aber viel mehr bedeutet.

Die Lichtende. Das Wunder der phýsis

Phýsis ist, wie der Gräzist Wolfgang Schadewaldt formuliert, »ein ganz umfassendes Walten und Wesen im Sinne eines Hervortreibens und Wachsenlassens«. Oder mit Heidegger (bitte anschnallen!): Sie ist die »wunderbar Allgegenwärtige«, die »zuvor schon allem Wirklichen die Lichtung verschenkt, in deren Offenes hinein erst alles zu erscheinen vermag, was ein Wirkliches ist«. Alles klar?

Ich übersetze: *Phýsis* ist ein Geschehen. Ursprünglich bezeichnet das Wort das ins Licht kommende Sich-Entfalten einer Pflanze: das Zum-Vorschein-Kommen aus dem Dunkel des Erdreichs in die Helle des Erscheinens. *Phýsis* ist so gesehen das *Wesen* – verbal verstanden – des Erscheinenden. Gleichzeitig kann das Wort gebraucht werden, um das Ganze zu benennen: die Totalität des Erscheinens von allem, was in Erscheinung tritt – aller Phänomene. Und nun behauptet Platon: Dieses Wesen des Erscheinenden, diese Totalität des Erscheinens hat ihren Grund im GUTEN. Wie soll man das verstehen?

Am besten, indem man sich klarmacht, wie Platon und die alten Griechen *phýsis* näher bestimmten. Denn eines war für sie klar: *Phýsis* ist Leben. Und wie das Leben folgt auch die *phýsis* einigen fundamentalen Gesetzmäßigkeiten, die man herausfinden kann, wenn man den Kosmos, die Natur oder auch die eigene Seele durchleuchtet. Denn überall fanden die Griechen das gleiche Grundprinzip der einen umfassenden kosmischen Lebendigkeit, die sie *psyché* – *Seele* – nannten.

Und nun habe ich eine Bitte an Sie: Halten Sie sich bitte von allen gängigen Assoziationen frei, die wir modernen Menschen mit dem Begriff »Seele« verbinden. Denn die ursprüngliche Bedeutung von *psyché* hat zunächst weder etwas mit dem zu tun, was die moderne Psychologie als ihren Gegenstand betrachtet, noch etwas mit dem, dessen Heil uns die Religionen versprechen. Griechisch verstanden ist *psyché* dasjenige, kraft dessen ein Lebewesen lebendig ist, kraft dessen sich etwas zeigen und in Erscheinung treten kann. Kurz: Sie ist Grund und Ursache von *phýsis*. Sie ist, wie Platon im Dialog *Kratylos* formuliert »die Kraft, die alle *phýsis* [also das In-Erscheinung-Treten von allem] trägt und erhält«. Und in ebendiesem Sinne kann Platon in den *Gesetzen* sagen: Seele »durchwaltet und bewohnt alles, das in Bewegung ist«. Oder noch prägnanter im Dialog *Phaidros*: »Seele im Ganzen waltet über alles Unbeseelte, indem sie sich verschiedentlich in verschiedenen Gestalten zeigt.«

Entscheidend für unser Thema ist nun, dass die alles durchdringende Lebendigkeit – die Weltseele, wie Platon sie auch nannte – und mit ihr jedes Lebewesen einem ehernen Gesetz folgt: Alles, was lebt, will Harmonie. Stets und immer ist Lebendiges auf Einklang, Balance, Stimmigkeit angelegt. Bei Platon wird das Ganze deutlich in einem Stück aus seinem Dialog *Symposion* (Gastmahl).

Platon lässt dort einen Arzt namens Eryximachos auftreten, der sich mit folgender These hervortut: Einen wahrhaft Heilkundigen zeichne es aus, »die opponierenden Kräfte des Leibes einander zu befreunden, so dass sie einander lieben«. Denn der Leib, nicht anders als die Seele, trage in sich ein Verlangen nach Einheit – den Einklang des Widerstrebenden, die Balance des Vielen, die Übereinstimmung des Getrennten. Das griechische Wort dafür kennen wir schon: *harmonía*. »Harmonie«, sagt Eryximachos unter Berufung auf Heraklit, »ist Einklang [griech.: *symphonía*], Einklang aber ist Übereinstimmung [griech.: *homología*]«. Harmonie ist demnach ein Ereignis, das dann stattfindet, wenn eine – ggf. sogar einander widersprechende – Mannigfaltigkeit von Teilen so aufeinander abgestimmt und eingestimmt ist, dass ein Ganzes dabei entsteht, bei dem jedes einzelne Element seiner selbst gerecht werden und seine Funktion ausüben kann, ohne die anderen Elemente darin zu blockieren. Und diesen Zustand strebt der lebendige Organismus unseres Körpers unweigerlich an. Aufgabe des Arztes sei es lediglich, ihn darin zu unterstützen. Und das gilt ebenso für die Seele – worunter Platon die aus Leiblichkeit, Gefühlen und Intellekt gefügte Ganzheit unseres Daseins verstand.

Im Dialog *Phaidros* lässt er seinen Sokrates ein schönes Bild dafür auftischen, wenn er die Seele des Menschen mit einem zweispännigen Wagen vergleicht: Ein Pferd steht für unsere Triebe und Affekte, das zweite für unsere Leidenschaft und Beherztheit. Der Wagenlenker symbolisiert unseren Intellekt. Und die Lebenskunst besteht darin, dieses Gespann darin zu unterstützen, seiner natürlichen Neigung nach Harmonie nachzugehen und es so einzustimmen, dass beide Pferde ihre Energie dem Ganzen ungebremst zur Verfügung stellen und sich nicht blockieren, sondern in ihrer Unterschiedlichkeit einander ergänzen, damit der Wagen gut vorankommt. Ein solches Dasein wäre in sich stimmig, kraftvoll, schön, gesund. Es wäre ein harmonisches Ganzes, das so in sich strukturiert ist, dass ES STIMMT.

Dieses ES STIMMT zeigt sich – wenn wir Platon folgen – an unterschiedlichen Phänomenen auf unterschiedliche Weise: Bezogen auf die äußere Erscheinung heißt es *Schönheit*, bezogen auf das Miteinander der Menschen heißt es *Gerechtigkeit*, bezogen auf die Lebenspraxis des Einzelnen heißt es *Tugend* – und bezogen auf unseren Organismus heißt es *Gesundheit*. So gesehen liegt es auf der Hand, dass Platon den Standpunkt vertrat, ein Heilkünstler müsse über die Kenntnis verfügen, was zu geschehen habe, damit ES STIMMT: damit das Gleichgewicht, die Harmonie, der innere Einklang des Leibes wiederhergestellt ist. Auch ist klar, warum er meinte, dass ein Politiker, der seinen Namen verdient, über die Kenntnis verfügen muss, was zu geschehen hat, damit der innere Einklang des Gemeinwesens gewahrt werden kann; und weshalb er lehrte, dass ein Mensch, der ein sinnvolles Leben führen möchte, sich nach Kräften darum bemühen soll, das komplexe System, das er ist, mit sich zu befreunden und zu harmonisieren. Weil alles, was lebt, darauf angelegt ist, mit sich und seiner Umwelt in stimmiger Resonanz zu sein. Denn das, so Platon, ist das eherne Gesetz der *phýsis* des Kosmos und des Lebens. Deshalb ist der Grund und die Ursache alles Seienden bzw. das Sein des Seienden nichts anderes als das GUTE – weil alles, was ist, nur ist, sofern es auf Stimmigkeit und Harmonie angelegt ist. Oder, um es auf Neudeutsch zu sagen: Das GUTE bewährt sich als diejenige intelligente Energie, die ein komplexes, lebendiges System innerlich ausbalanciert und somit dessen inneren Zusammenhalt durch alle äußeren Störungen und Turbulenzen hindurch stets neu zu generieren weiß. Und das im Fluss der Zeit, in kontinuierlicher Bewegung, im immer neuen Spiel des Polaren.

Halten wir kurz inne, um uns darauf zu verständigen, wo wir stehen. Wir haben die alte griechische Auslegung des Seins im Ganzen so weit rekonstruiert, dass wir sagen können: Sein ist das rastlose Geschehen von *phýsis* – ein stetes Werden, Erscheinen, Zutage-Treten. Dieses Geschehen ist getragen und befeuert von der Energie der *psyché*. Sie ist gesteuert vom Prinzip des GUTEN, das die Mannigfaltigkeit des Seienden in systemische Ordnungen integriert, in denen sich Vielfalt in stimmige Einheit fügt. So wie auch Sie und ich Wesen sind, die auf innere Balance, Harmonie und Gleichgewicht ausgerichtet sind – und die immer dann zu sich und der Welt »Ja!« sagen können, wenn sie diese Qualitäten an, in und um sich erfahren. Folgt man Platon und den Griechen ins Herz des Lebens, dann ist es nicht Wille zur Macht, der darin pulst, sondern Wille zum Sinn: Wille zur Harmonie, zum ES STIMMT.

Die Symphonie des Lebendigen. Ein Ausflug in die Naturwissenschaft

Dies alles ist heute in weite Ferne gerückt. So scheint es. Aber so scheint es auch nur. Denn bei näherem Hinsehen kann man feststellen, dass sich der westliche Geist seit gut hundert Jahren dahin bewegt, die alte Auslegung der Welt zu neuen Ehren zu bringen: Neuere Erkenntnisse aus Kosmologie, Biologie, Psychologie und Systemtheorie legen inzwischen ein Weltbild nahe, das dem der antiken Denker erstaunlich nahe kommt. Sicher ist es kein Zufall, dass die Pioniere dieses neuen wissenschaftlichen Denkens häufig Anleihen bei Platon und Heraklit machten, um ihre Entdeckungen und Erkenntnisse zur Sprache zu bringen. Das gilt für Werner Heisenberg nicht anders als für Erwin Schrödinger oder Carl Friedrich von Weizsäcker. Besonders deutlich wird das in den Arbeiten des 2003 verstorbenen Chemikers Friedrich Cramer: einer der wenigen zeitgenössischen Naturforscher, die sich nicht scheuten, zugleich auch Naturphilosophen zu sein.

Cramer legte in seinem Werk *Symphonie des Lebendigen* den »Versuch einer allgemeinen Resonanztheorie« vor, die nicht mehr und nicht weniger bietet als den kühnen Anlauf zu einem wissenschaftlichen Paradigma, das Erkenntnisse aus allen Wissenschaftszweigen – einschließlich der Quantentheorie – zu einem naturphilosophischen Gesamtbild integrieren will. Es ist dabei alles andere als Zufall oder eine humanistische Liebhaberei, dass er jedes seiner Kapitel mit einem Heraklit-Zitat beginnt und allenthalben auf Platons Dialog *Timaios* Bezug nimmt.

Denn in der Sache entspricht die »allgemeine Resonanztheorie« ziemlich präzise dem, was diese beiden Denker vor rund 2500 Jahren dachten.

Ohne mich zu weit auf dieses Feld begeben zu wollen, scheint es mir doch nützlich, einen flüchtigen Blick auf Cramers Theorie zu werfen, weil so erkennbar wird, dass unsere Deutung von Sinn im Sinne des ES STIMMT nicht allein uralten und so gänzlich unmodern wirkenden Denksystemen verhaftet bleibt, sondern sich passgenau in ein avanciertes, wissenschaftliches Weltbild fügt. Wichtig ist mir das deshalb, weil ich Sie kaum dazu einladen kann, Ihr Leben an einem Sinnverständnis auszurichten, das nicht mit einer Auslegung der Welt im Ganzen kompatibel wäre, die sich auf der Höhe der Zeit bewegt. Allein auf Treu und Glauben möchte ich Ihnen jedenfalls nicht meine Theorie des ES STIMMT unter die Nase reiben.

Also, wagen wir einen kurzen Ausflug in wissenschaftliche Gefilde. Dort werden wir zunächst mit der äußerst irritierenden Erkenntnis konfrontiert, dass unsere liebgewonnene – von Aristoteles herrührende – Vorstellung nicht mehr so recht greift, wonach die Welt im Ganzen aus geformter Materie besteht. Tatsächlich wissen wir heute aus der Erforschung subatomarer Ereignisse, dass dasjenige, was wir dort beobachten, sowohl als (nicht-materielle) Welle als auch als (materielles) Teilchen beschrieben werden kann. Die »allgemeine Resonanztheorie« Cramers baut nun darauf auf, dass dieser Tatbestand nicht allein für die subatomare Welt gilt, sondern ebenso für die makroskopische Welt im Ganzen. Auch dort dürfe man davon ausgehen, »dass alle *stabilen Strukturen* [d.h. alles Seiende] in der Realität *Schwingungen* bzw. *Harmonische Oszillatoren* (= Sinusschwingungen) sind: Das Planetensystem, der Blutkreislauf, die Hormonzyklen, das Verkehrssystem, die Struktur des Gehirns mit seinen periodischen Hirnströmen, die Ökosysteme mit ihren Stoff- und Energiekreisläufen, sie alle sind Schwingungen mit einer definierten Periode oder Frequenz und stabilisieren sich in dieser ihnen eigenen Frequenz, der Eigenfrequenz.«

Wenn ich Cramer richtig verstehe, will er damit sagen, dass sich alles, was ist – alles Seiende – als Schwingungssystem beschreiben lässt; und dass Schwingungssysteme sich überhaupt nur deshalb im Fluss der Zeit behaupten können, weil sie über die Eigenschaft verfügen, mit sich selbst im Einklang zu sein. In harmonischer Resonanz – also exakt dem Ereignis des GUTEN, von dem Platon sagte, dass sich in ihm die Wahrheit und das Sein eines jeden Seienden erschließe: sein Sinn. Aber damit nicht genug. Nicht nur lässt sich jedes einzelne Seiende wissenschaftlich korrekt als resonantes Schwingungssystem beschreiben, es hat darüber hinaus die aus der Akustik bestens bekannte Fähigkeit, mit anderen Schwingungssystemen mittels Resonanz in eine Wechselwirkung zu treten, die weder mechanisch noch materiell ist. So »können auch makroskopische, sogenannte ›materielle‹ Strukturen miteinander in Resonanz treten. Resonanz«, so Cramer weiter, »ist eine Form der Wechselwirkung, ja, es ist die Form der Wechselwirkung schlechthin, über die alle raumzeitlichen Strukturen miteinander in Beziehung treten können. Damit ist ein integrierender Mechanismus gefunden, der eine ganzheitliche Weltsicht ermöglicht.« Und so kommt er zu dem Ergebnis: »Wenn *alles* [...] auch als Schwingung aufgefasst werden kann, so kann eben alles miteinander schwingen, in Resonanz treten. *Resonanz verbürgt den Zusammenhalt der Welt.«* Wobei Cramer ausdrücklich Bezug nimmt auf die alte griechische Weisheit, in diesem Fall auf die Lehren der Pythagoreer, die sagten, »die ganze Welt sei Harmonie und Zahl«; was er jedoch mit *»die ganze Welt sei Resonanz und Zahl«* wiederzugeben vorschlägt. So oder so: Erkennbar ist, dass sich als Synthese der jüngsten wissenschaftlichen Erkenntnisse ein Weltbild abzuzeichnen beginnt, das das Universum als lebendigen Prozess deutet: als Gefüge resonanter Schwingungen, umgeben von resonanten Schwingungen, woraus Systeme höherer Ordnungen entstehen, deren Zusammenhalt durch resonante Schwingungen erzeugt wird. Wobei die Resonanz innerhalb und zwischen Schwingungssystemen als Harmonie gefasst werden kann. Noch einmal Cramer:

»Resonanz ist die Möglichkeit, den Zusammenhang der Welt herzustellen und zu wahren. Das Ohr tritt in Resonanz mit den Schallwellen, das Auge mit den Lichtwellen, die olfaktorischen Areale mit den Duftmolekülen. Resonanz ist die Grundlage der Planetenbewegung, Resonanz verbindet als chemische Bindung die Moleküle der Materie, sie schließt uns in Tages- und Jahreszeiten zusammen. Resonanz koordiniert die Zellen und den Stoffwechsel unseres Organismus, ja sie macht erst eigentlich ein individuelles *ganzes* Lebewesen aus. Resonanz ermöglicht das Erfassen sinnlicher Eindrücke, die im Zentralnervensystem mit Hilfe von Resonanzmechanismen verarbeitet werden, Resonanz ist die Grundlage des Zusammenlebens der Menschen, in alltäglichen Funktionen wie Ernährung und Verkehr, oder in höheren Bedürfnissen wie Spiel, Nachdenken über Gott und Welt, Liebe: *Resonanz ist es, die die Welt im Innersten zusammenhält.*«

Wenn das stimmt, dann liegen wir nicht falsch mit unserem Gedanken, dass sich Sinn als Stimmig-Sein beschreiben lässt; und dass es immer dann möglich ist, etwas gutzuheißen oder gut sein zu lassen, wenn wir sagen können: ES STIMMT. Dann ist das eigentliche Sein und Wesen aller Phänomene nichts anderes als deren resonante, harmonische Übereinstimmung mit sich; und wir erschließen den Sinn dieser Phänomene, wenn wir mit ihrer harmonischen Schwingung in Resonanz sind. Was schließlich auch erklärt, warum dieses Verstehen einen gewissen Umgang, eine praktische Erfahrung des Sich-Einstimmens oder Sich-Einschwingens voraussetzt: Wir müssen unsere subjektiven Sinne für etwas erst »einstellen« oder »ein-tunen«, damit wir mit dessen objektivem Sinn resonant schwingen können. Gelingt dies – und das ist es, was Platon mit seiner Ideenlehre zu erläutern versucht –, dann entrückt uns dieser Einklang gleichsam den Kategorien von Raum und Zeit. Wir sind dann mit unserem Sinn eingestimmt auf den Sinn eines anderen Phänomens. Und dieses Ereignis haben wir nicht kraft unseres Willens herbeigeführt oder kraft unseres Könnens gemacht, sondern wir haben es gefunden. Und indem wir es finden, überträgt sich der Sinn – die harmonische Schwingung unseres Gegenübers – auf unsere Seele, die mitzuschwingen beginnt und sich genau dadurch belebt und glücklich fühlt. Wir sind dann mit uns und der Welt im Einklang – und können uns und die Welt gutheißen.

Kosmos – Platons Kosmetikkoffer

Hatte ich Ihnen eigentlich schon verraten, wie es kommt, dass sich Platons subtilste Ausführungen über das GUTE, die Ideen und den Sinn ausgerechnet in einem Dialog finden, der sich mit Fragen von Politik und Gemeinwesen befasst? Nicht? Dann will ich es jetzt nachholen. Sie werden staunen! Das liegt nämlich daran, dass Platon in diesem Text die These schmackhaft machen möchte, es gebe nur dann noch Hoffnung für Staaten und Länder, wenn entweder die Philosophen Könige oder die Könige Philosophen werden.

»Um Gottes willen!«, höre ich Sie rufen, aber bevor Sie dieses Buch aus der Hand legen, lassen Sie mich eines erläutern: Philosophen sind für Platon genau die Leute, die verstanden haben, was es mit dem GUTEN auf sich hat: dass das GUTE die Welt im Innersten zusammenhält, weil alles, was ist und lebt, darauf angelegt ist, mit sich übereinzustimmen; und zwar so, dass sich darin eine Mannigfaltigkeit von Teilaspekten zu einem harmonischen Ganzen integriert. Das gilt nicht nur für den Körper und die Seele eines individuellen Wesens; es gilt nicht minder für das Gemeinwesen: Auch eine *pólis* – ein Staat – ist nach Platon nur dann sinnvoll, gut und bejahbar, wenn er mit sich in Einklang ist. Das heißt: wenn seine einzelnen Bürgerinnen und Bürger ihre individuellen Kompetenzen, Qualitäten und Fertigkeiten entfalten können und sich dabei so zueinander verhalten, dass ein in sich stimmiges, harmonisches (nicht spannungsloses!) und gerechtes Gemeinwesen entsteht. Genau das ist es, was ein guter Staatsmann verstanden haben muss. Aber wie wir wissen, heißt »verstehen« bei Platon nicht einfach, die Theorie über das GUTE studiert und auswendig gelernt zu haben, sondern das GUTE selbst erfahren, im eigenen Leben realisiert und als eine harmonische Grundschwingung des Lebens einverleibt zu haben. Wenn man sich das einmal klargemacht hat, versteht man auch, warum Platon große Teile seines Buches darauf verwendet, eine Art Curriculum für künftige Politiker zu skizzieren. Wobei es Sie nun nicht mehr überraschen wird, dass es dabei immer nur um eines geht: die Kunst, Harmonie zu erfahren, zu erfühlen, zu erzeugen und schließlich zu verstehen.

Man sollte nur einem Philosophen glauben, der zu tanzen lehrte …

Beschrieben hat Platon dieses Curriculum bildhaft in seinem berühmten »Höhlengleichnis« aus dem VII. Buch des Dialogs über den *Staat*. Er lässt darin seinen Sokrates von »wunderlichen Gefangenen« erzählen, die in einer unterirdischen Höhle gefesselt auf Schatten an einer Wand starren, bevor ein wohlmeinender Seelenführer diesen armen Schweinen die Fesseln abnimmt und sie, gegen heftigen Wiederstand, aus der Höhle hinausführt, wo sie die Dinge der natürlichen Welt kennenlernen, bis sie zuletzt den Blick zur Sonne lenken und diese als dasjenige erkennen, dem sich alles verdankte, was sie bis dato geschaut hatten. Dass die Sonne hier für die Idee des GUTEN steht, ahnen Sie bereits, und es wird Sie deshalb nicht überraschen zu erfahren, dass dieses Gleichnis dazu dient zu beschreiben, wie sich der Weg zum Verstehen des GUTEN beschreiten lässt. Nun hoffe ich, dass Sie nicht enttäuscht sind, wenn ich der Versuchung widerstehe, Ihnen eine Deutung des Höhlengleichnisses vorzulegen, und stattdessen Ihren Blick auf eine Passage lenke, die unmittelbar darauf folgt und eine Art Schulungsprogramm für künftige Philosophenkönige umreißt.

Und nun raten Sie mal, worauf es dabei besonders ankommt! Sie kommen nicht drauf? Aber es ist wahr: Gymnastik, Tanz und Musik! – Warum? Weil Musik der Seele »vermöge ihrer Harmonie eine innere Wohlgestimmtheit einflößt, die nun kein Wissen ist, und vermöge ihres Rhythmus' eine innere Wohltemperiertheit«. Ausdrücklich geht es nicht um die Vermittlung von kognitivem Wissen, sondern um eine Einstimmung der Seele; es geht darum, so etwas wie Takt- und Harmoniegefühl in den Seelen und Herzen junger Menschen auszubilden, so dass sie zu erspüren lernen, wie es sich anfühlt, wenn ES STIMMT. Im Dialog *Timaios* sagt Platon entsprechend:

»Die musikalische Harmonie hält sich in Bewegungen, die den Strukturen unserer Seele verwandt sind. Und so ist sie all denen, die sich mit Sinn den Musen hingeben, [...] ein Bundesgenosse in unserem Bemühen, die Disharmonien unserer Seele in stimmige Ordnung und inneren Einklang zu überführen. Auch der Rhythmus wurde von den Musen zum selben Zweck gewährt: um der bei uns allen weit verbreiteten Maßlosigkeit und dem Mangel an Anmut etwas entgegenzusetzen.«

Tanz und Gymnastik sind bei Platon für die Bildung so überaus wichtig, weil sie bis in das Körpergedächtnis hinein Gleichgewichtssinn und Balance einverleiben. Platon schlägt – anders gesagt – ein emotionales und motorisches Bildungsprogramm vor: ein Programm, bei dem es so oder so darum geht, auf dem Wege der Sinnlichkeit den Sinn für den Sinn zu schulen und zu schärfen. Und mir scheint, dass es uns Modernen und Postmodernen überaus guttäte, daran anzuknüpfen, wenn es uns denn wirklich darum zu tun ist, der allgegenwärtigen Sinnfinsternis ein bisschen Licht entgegenzusetzen; ein Vorschlag, den übrigens auch die Erkenntnisse zeitgenössischer Hirnforscher wie Gerald Hüther bestätigen.

Okay, bei Platons Bildungsprogramm zur Schärfung des Sinns für den Sinn bleibt es nicht bei den motorischen und emotionalen Basiskenntnissen. Die kognitive Bildung kommt bald dazu, zunächst auf den Feldern der Arithmetik und Geometrie, später dann auch der Astronomie und Harmonielehre. Bei alledem aber geht es nie darum, möglichst viel Wissen und Qualifikation zu vermitteln. Sondern stets geht es um ein möglichst umfassendes Sich-Einschwingen und Sich-Einstimmen auf die wichtigste Kompetenz überhaupt: das Gewahren von Stimmigkeit und mithin Sinn auf allen Ebenen – motorisch, emotional, kognitiv. Es geht um eine Ausbildung des Sinns für den Sinn, die es dann auch in schwierigen und dunklen Zeiten erlaubt, mit dem aufflackernden Sinn des Lebens in Resonanz zu gehen und so das lebenserhaltende »Ja!« auszusprechen.

Wenn Sie also sich und Ihren Kindern den Weg zu diesem Licht bahnen wollen, wenn Sie Ihren Kindern eine Chance geben wollen, ihr Leben als sinnvoll zu erleben und darin zu bejahen: dann lassen Sie sie musizieren, dann lassen Sie sie tanzen, dann lassen Sie sie Sport und Gymnastik treiben. Sorgen Sie dafür, dass sie lernen, wie gut es sich anfühlt, wenn ihr Körper in einem harmonischen Gleichgewicht ist; wenn sie sich in die große Symphonie der Töne eines Orchesters oder Chors eingliedern; wenn sie sich tanzend im Einklang mit sich und der Welt erleben. Wenn der Sinn für den Sinn solcherart einverleibt ist, dann werden Ihre Kinder auch Spaß am kognitiven Lernen haben: weil sie die Schönheit und Harmonie der Welt in der Mathematik wiedererkennen, ebenso in der Physik und Biologie, ebenso in der Astronomie und Quantentheorie. Meinen Sie nicht auch, dass es Zeit für ein neues Bildungssystem wäre? Eines, das es darauf angelegt sein lässt, Menschen dazu zu befähigen, mit sich und der Welt in Einklang zu sein – sich und das Leben gutzuheißen, Sinn zu erfahren und Sinnvolles zu tun?

Den Sinn des Lebens erschließen heißt: mit sich und der Welt im Einklang sein; die eigene Seele in ein harmonisches Gleichgewicht fügen; in dieser harmonischen Seelenstimmung in Resonanz sein mit dem Sinn, der uns aus der Welt entgegenstrahlt. Und wie strahlt er uns entgegen? – Naja, darauf gibt es keine eindeutige Antwort. Aber eines lässt sich dann doch sagen: Wo Schönheit uns begegnet, da leuchtet auch Sinn auf. Denn angesichts des Schönen geht uns immer das große »Ja!« über die Lippen. Darin bin ich mit Wilhelm Schmid völlig einig – auch wenn ich meine, dass wir diese Schönheit nicht nach Maßgabe unseres Wollens und unserer Selbstmächtigkeit selbst kreieren können, sondern dass sie nach Maßgabe der Harmonie und Stimmigkeit eines schönen Phänomens in unser Leben strahlt. Deswegen würde ich anders als er auch nicht sagen: »Mache dir ein schönes Leben!«, sondern: »Suche Schönheit, gibt dich ihr hin und lass dich von ihr in Ordnung bringen – auf Einklang stimmen!«

So jedenfalls hätten es wohl die alten Griechen – von Thales bis Platon – beschrieben. Um zu verdeutlichen, was sie meinten, hätten sie uns vermutlich dazu ermuntert, den Blick zu heben und den gestirnten Himmel über uns in Augenschein zu nehmen. Weil dort *kósmos* herrscht: eine vollkommene Ordnung und Harmonie, die sich hervorragend dazu eignet, uns Menschen darin zu unterstützen, die dort sichtbare schöne und harmonische Ordnung auch in uns zu finden – weil es eben nur ein Leben ist, das alles Seiende durchzieht. »Ein Vorbild [griech. *parádeigma*] ist am Himmel aufgestellt für jeden, der zu sehen bereit ist – und das eigene Leben nach dem Gesehenen arrangieren will«, schreibt Platon in seinem Buch über den *Staat*. Und an anderer Stelle – im *Timaios* – beschreibt er dieses Maßnehmen an der kosmischen Harmonie als ein Programm der Seelen-Harmonisierung, wenn der Titelheld Timaios behauptet, Gott habe »uns Menschen das Sehvermögen verliehen, damit wir am Himmel die sinnvollen Umläufe beobachten, um sie für die Bahnen unseres eigenen Denkens zu verwenden, da diese doch mit jenen verwandt sind [die kosmischen Umläufe als Erscheinungsformen der Intelligenz der Weltseele, die menschlichen Denkbahnen als Erscheinungsformen der Menschenseele]; damit wir, indem wir sie verstehen und unser Denken gemäß dem natürlichen Wesen austariert haben, die vollkommen stimmigen Bahnen des Gottes nachahmen und unsere verirrten Bahnen des Denkens ihnen gemäß einrichten können.« Will sagen: Je mehr wir die Harmonie des Kosmos in Augenschein nehmen, desto harmonischer wird unsere Seele; je mehr Schönheit wir sehen, desto schöner werden wir selbst.

Was ist also das beste aller Kosmetika? – Richtig, Schönheit! Wenn Sie schön sein wollen, müssen Sie Schönheit konsumieren. Aber nicht irgendeine Schönheit. Nicht die Schönheit, die Ihnen die Werbeindustrie andrehen will; nicht die, von der Sie meinen, dass Sie Ihnen stehen müsste – und auch nicht die subjektive und von Menschenhand entworfene und vermarktete Schönheit, sondern die

Schönheit, die schön ist, weil sie harmonisch ist – und die eben deshalb unbedingt bejaht werden kann.

Ich weiß, es ist absolut nicht en vogue, so etwas zu behaupten. Es ist sogar komplett uncool, den Standpunkt zu vertreten, dass Harmonie bzw. Stimmigkeit ein objektives Kriterium für Schönheit sei. Aber wenn alles Seiende auf Stimmigkeit angelegt ist und die Bejahbarkeit der Welt, der Dinge und des Lebens an ihrer Stimmigkeit hängen, dann ist es nicht ganz abwegig zu vermuten, die alten Denker könnten doch Recht gehabt haben, wenn sie sagten: Schönheit, das ist Harmonie.

Die gesamte griechische Kunst jedenfalls vertrat diese Auffassung. Das bezeugt ein Text des antiken Arztes Galenos, der darin Bezug nimmt auf ältere Kunsttheorien – allen voran die Auffassung von Schönheit, die Polyklet, der größte antike Bildhauer, in seiner verlorenen Schrift *Kanon* vertreten hatte: Die Schönheit aber, lehrte er unter Bezugnahme auf ältere Traditionen, »liege in der Symmetrie der Teile des Körpers, etwa des Fingers zum Finger, ihrer aller zur Mittelhand und Handwurzel, dieser beiden zur Elle und der Elle zum Oberarm und aller zu allem«. So dass man sagen könne, dass die Schönheit des Körpers in der Symmetrie liege, was im Übrigen »den Ansichten aller Ärzte und Philosophen« entspreche.

Auch nach dem Untergang der alten Welt waren sich die Kunstschaffenden bis weit ins 19. Jahrhundert hinein darin einig, dass ihr Job vor allem darin besteht, Schönheit zu erzeugen – und dass ihnen das in genau dem Maße gelingen würde, in dem sie harmonische Werke schufen.

Besonders die Renaissance war nachgerade besessen von dieser Idee. Um Ihnen eine Kostprobe zu geben, lassen Sie mich den großen Theoretiker der Baukunst Leon Battista Alberti zitieren, der lehrte, dass »die Schönheit eine bestimmte gesetzmäßige Übereinstimmung aller Teile, was immer für einer Sache« sei, die darin besteht, dass man weder etwas hinzufügen noch hinwegnehmen oder verändern könnte, ohne sie weniger gefällig zu machen.

Unsere Museen sind voll von Werken, die diese Überzeugung aufs Getreueste bezeugen – Werken, die ganz nach den Gesetzen von Proportion und Balance konstruiert sind; die eine ganz und gar harmonische Verteilung von Licht und Farbe anstreben; die der Logik des Goldenen Schnitts folgen. Werke, die dabei voller Spannung und Lebendigkeit sind und die wir noch heute schön finden und genießen – sofern nicht bestimmte kunsttheoretische Konzepte der Moderne unseren Blick getrübt und unseren Geist für die klassische Schönheit unempfänglich gemacht haben.

Solche Werke ziehen uns noch immer an. Auch wenn sie längst nicht mehr dem entsprechen, was Kunst heute zu leisten beansprucht. Mir scheint, sie ziehen uns deshalb an, weil sie uns sinnfällig vom Sinn des Lebens künden, indem sie uns zeigen, wie es ist, wenn ES STIMMT – ja, dass ES STIMMT. Und weil sie – sofern wir sie auf uns wirken lassen – uns selbst in gute Stimmung bringen. Sie sind wie Stimmgabeln, die uns selbst harmonisieren, wenn es uns gelingt, in verstehender Resonanz mit ihnen zu schwingen. Ihre Schönheit macht uns schön.

Nichts allzu sehr.
Eine Coaching-Stunde in Delphi

Erinnern Sie sich noch an die Lehre Wilhelm Schmids, des Philosophen der Lebenskunst? Wie sagte er doch sinngemäß? Jeder ist seines Glückes Schmied. Oder in seinen Worten: »Gestalte dein Leben so, dass es bejahenswert ist!« Oder: »Mache dir ein schönes Leben!« Und was meinen Sie: Wenn wir die Chance hätten, eine Coaching-Stunde bei Apollon zu nehmen, was würde der uns empfehlen? Dasselbe? Ja, so ziemlich dasselbe. Auch er würde sagen: »Sieh zu, dass du ein gutes Gleichgewicht findest! Bring dich in Harmonie! Sorge dich um deine Life-Work-Balance! Denn je mehr du mit dir im Einklang bist, desto mehr kannst du ›Ja!‹ zu dir sagen. Und je mehr du ›Ja!‹ zu dir sagst, desto besser kommst du an deine kostbaren Sinn-Ressourcen!« Naja, wahrscheinlich würde der Gott doch nicht so reden. Er mochte es lieber kurz und prägnant – treffend, wie ein Pfeil. Wer ihm in seinem Headquarter zu Delphi einen Besuch abzustatten gedachte, wurde mit ganzen vier Worten in zwei Sätzen bedacht – die allerdings die ganze apollinische Lebenskunst in Hochpotenz enthielten: »*Mēdèn ágan*« und »*gnôthi sautón*«. Zu Deutsch: »Nichts allzu sehr!« und »Erkenne dich selbst!«. So stand es auf den Giebeln seines Tempels, und so grüßte er alle, die von ihm Weisung erbaten.

Was wollte der Gott damit sagen? Ich meine, er wollte damit sagen: Erkenne dein Maß! Finde deine Harmonie! Triff deinen Gleichgewichtspunkt! Denn dann triffst du mich. Dann blickt dich die Sinnhaftigkeit der Welt und des Lebens an, und das große »Ja« wird deine Seele durchdringen.

Und jetzt versuche ich es noch einmal mit meinen Worten: Sieh dich an! Nimm dich wahr! Werde dir über dich selbst im Klaren. (Apollon liebte alles Klare, Durchsichtige, Fernsichtige. Wenn er reiste, war »Kaiserwetter«.) Und dann: Sorge für Integration, schließe nichts aus, blende nichts aus, nimm dich so, wie du bist, und verhalte dich zu dir selbst, wie ein Maler zu seinen Farben. Oder wie ein Komponist zu seinen Tönen. Arrangiere deine Gewordenheit, bring dich in Ordnung, suche deine innere Balance, auf dass du mit deinen Gefühlen und Gedanken im Einklang bist! Sorge für ein gutes Gleichgewicht deines Körpers, sorge für ein gutes Gleichgewicht deiner Gefühle, sorge für ein gutes Gleichgewicht deines Intellektes! Vermeide Übermaß und vermeide Mangel! Aber auch: Füge dich ein in dein Umfeld, sorge für Harmonie und Balance in deinen Beziehungen, in den Systemen, deren Teil du bist: in der Partnerschaft, der Familie, der Firma, der Gesellschaft! Integriere dich, stimme dich ein, integriere die anderen. Sorge für Einklang! Wie dem Dichter Hermann Hesse soll es dir gehen, der einst das große Glück des »Ja!« erlebte – die große Stunde, von der er berichtet: »Und ob ich ein gleiches oder ähnliches Glück noch andre Male in meinem Leben gekostet habe, tiefer und wirklicher konnte keines sein: die Welt war in Ordnung.« Und weiter: »Es bestand aus nichts, dieses Glück, als aus dem Zusammenklang der paar Dinge um mich her mit meinem eigenen Sein, aus einem wunschlosen Wohlsein, das nach keiner

Änderung, keiner Steigerung verlangte.« Es war – wie ich ergänzen möchte – einfach nur schön.

Aber diese Schönheit war nicht gemacht. Sie war nicht erfunden, sondern gefunden. Es traf sich, dass in einem begnadeten Augenblick die Welt in Ordnung war. Es war ein Geschenk, ein *Schick*sal, das wie ein Pfeil – aus weiter Ferne ge*schickt* – den Dichter traf. So zeigt sich Apollon seinen Lieblingen. Und wenn er sich gerade einmal nicht zeigt, dann bleibt doch seine Empfehlung der Suche nach dem inneren Maß als eine Anleitung zur Lebenskunst.

Anders als die moderne bzw. postmoderne Lebenskunst setzt die apollinische Lebenskunst dabei aber nicht auf den »Willen zur Macht« oder die »Selbstmächtigkeit« des Einzelnen. Apollinische Lebenskunst heißt nicht: Deute dich selbst und entwirf dein Leben nach Maßgabe deiner Deutung, auf dass es dem Bild entspreche, das du dir von dir gemacht hast! Das wäre Schmid. Apollons Weisung würde lauten: Erkenne dich selbst – und anerkenne dich in deinem So-Sein. Täusche dich nicht über dich selbst! Nimm dich auch in dem an, was dir an dir nicht gefällt. Und dann arrangiere dein Leben nach Maßgabe der absoluten Norm der Harmonie, auf dass es harmonisch und absolut bejahbar ist!

Sehen Sie den Unterschied? Die apollinische Lebenskunst macht genauso wie die Schmidsche Lebenskunst Ernst mit der Individualität des Menschen. Diese ermuntert genauso wie jene dazu, dem individuellen Leben eine schöne Gestalt zu geben. Aber die apollinische Lebenskunst nimmt dabei Maß an dem einen und einzigen, absoluten Gleichgewichtspunkt, der sich in Ihrem Leben finden lässt. Während die Schmidsche Lebenskunst Maß nimmt an dem Bild, das Sie von sich haben. – Nun fragen Sie vielleicht, warum das eine besser sein soll als das andere. Warum ich meine, Ihnen die apollinische Lebenskunst ans Herz zu legen und nicht die Schmidsche? Aus einem einzigen Grund: Weil ich glaube, dass das »Ja!« zum eigenen Leben – dieses unendlich kostbare, lebenswichtige »Ja!« – in der apollinischen Lebenskunst nachhaltiger, tiefer, tragfähiger, intensiver tönt als in der Schmidschen. Denn es ist nicht gemacht, sondern gegeben. Es tönt auf der Grundlage des Annehmens dessen, was ist – und aus der Erfahrung, dass Sie so, wie Sie geworden sind, in Ordnung sind! Während das Schmidsche »Ja!« auf der Grundlage dessen tönt, wie Sie sein wollen. Was – anders als das absolute Maß des apollinischen Gleichgewichtspunktes – immer relativ ist, denn es könnte ja immer auch anders sein. Selbst wenn Sie im Sinne Schmids Ihr Leben so gestalten, dass es bejahenswert ist, werden Sie dabei nie die Frage los, ob es nicht anders noch bejahenswerter hätte sein können. Während Ihnen das apollinische »Ja!« – weil es gefunden und nicht erfunden ist – siegreich entgegenjubelt; auch da, wo die Situation, in der Sie sich befinden, so ganz und gar nicht dem gemäß ist, wie Sie sich und die Welt gerne gehabt hätten.

Deshalb bin ich mit Ihnen den weiten Weg zurückgegangen: zurück in die Zukunft einer Seinsauslegung, die – ohne die nicht zu vernachlässigende Individualität eines jeden Menschen zu leugnen – doch ein für alle Individuen und individuellen Situationen gleichermaßen anwendbares Verständnis von Sinn vorschlägt; und damit ein verlässliches, nachhaltiges und tragfähiges Kriterium für die Sinnhaftigkeit unseres Lebens anbietet: Sinn ist, wenn ES STIMMT. Und es stimmt, wenn wir mit uns und der Welt im Einklang sind.

Das ist die zentrale Erfahrung des Lebens, die sich im Mythos zur Gestalt des Apollon verdichtete: die Erfahrung eines Maßes, das wir nicht machen können, sondern das auf uns zukommt und sich immer da bewährt, wo ES SICH TRIFFT. Dieses Maß ruft uns mit hoheitsvoller Autorität dazu auf, uns selbst zu erkennen und in Ordnung zu bringen. Es heilt unseren Leib und unsere Seele, weil es uns dazu anhält, uns in der Komplexität unseres Geworden-Seins anzunehmen. Dieses Maß ist deshalb so genau, weil es exakt den Punkt trifft, an dem das Mobile unseres Lebens im Gleichgewicht ist und die Symphonie unseres Lebens in harmonischen Resonanzen schwingt. Es hält uns dazu an, die zu werden, die wir sind, und uns somit in der Wahrheit unseres Seins zu offenbaren. Indem wir für uns und für andere erkennbar werden, zeigt es uns in einem glanzvollen Licht, in dem wir schön sind – so dass wir uns gutheißen und bejahen können; ein Licht, in dem wir sinnvoll sind.

Klingt schön, oder? – Oder? – Oder? – Sie zögern? Ein Widerspruch regt sich? Vielleicht denken Sie: »Ach, wenn es doch so einfach wäre! Ach, wenn mein So-Sein doch so wäre, dass ich es zu einem schönen Ganzen arrangieren könnte! Ach, wenn es nicht voller Leid und Schmerz, Chaos und Kummer wäre! Ach, wenn das mühsam hergestellte Gleichgewicht meines Lebens nicht immer wieder in die Brüche ginge!« Und wissen Sie was? So denke ich auch. Und nicht nur ich. Auch die Griechen dachten so, denn auch sie litten und ächzten unter der Flüchtigkeit alles Schönen und Geordneten. Auch sie wussten um die Einbrüche des Chaos, der Auflösung und des Todes. Und deshalb war für sie die apollinische Welt nur die eine Seite des Lebens. Deshalb verehrten sie neben Apollon auch noch andere Götter – allen voran einen, der das genaue Gegenteil der apollinischen Schönheit und Ordnung verkörperte, der Rausch und Zerstörung liebte, der Chaos und Taumel zelebrierte: Dionysos. Und ausgerechnet mit ihm teilte sich Apollon sein Heiligtum in Delphi. Die faszinierende Wahrheit über die griechische Kultur lautet: Die beiden waren Partner. Sie betrieben ihre Coaching-Agentur gemeinsam. Welch tiefe Weisheit!

Viertes Zwischenspiel im Himmel

Nietzsche war betroffen. Hatte er dem alten Platon womöglich doch Unrecht getan? Hatte er ihn womöglich missverstanden und sich von Aristoteles auf die falsche Fährte setzen lassen, als dieser seinen Lehrer zum Urheber einer »Ideenlehre« machte – zum Ahnherrn aller Hinterweltler? Er war sich nicht mehr sicher.

»Naja«, versuchte er sich zu trösten, »immerhin habe ich ihn zum ›schönsten Gewächs des Altertums‹ erklärt.« Aber das änderte nichts daran, dass er auch zum »Kampf gegen Platon« aufgerufen hatte. Und zu Recht, wie ihm schien, denn es hieß doch wohl tatsächlich die Wahrheit auf den Kopf stellen und das Perspektivische, die Grundbedingung allen Lebens, selber zu verleugnen, so vom Geiste und vom Guten zu reden, wie Platon es getan hat. Ja, war sie denn nicht eine »Krankheit«, diese Lüge vom »reinen Guten«, die Platon in die Welt gesetzt hatte?

Sein Gedankenkarussell kam wieder in Fahrt. Er erinnerte sich: Ach, wie viel Lust er doch daran gehabt hatte, all dieses Platonische Gewäsch mit seinem Hammer zu zertöppern, all dieses Gerade, Geordnete, Stimmige. Hatte er jemals so etwas in seinem Leben erlebt? Nein, hatte er nicht. Also wollte er auch nichts davon hören. Apollon war ein Traum – ein schöner Traum, zugegeben. Und gewiss, die von Platon erträumte Welt hatte ihren Charme. Aber es war doch alles Lüge und Betrug am Leben. So konnte man keinen tanzenden Stern gebären. Dafür brauchte es Chaos. Dafür brauchte es Dionysos und nicht Apollon! Diesem wilden, rasenden Gott fühlte er sich verpflichtet.

»Ich bin ein Jünger des Philosophen Dionysos«, sprach er zu sich, »ihm habe ich meinen Zarathustra als Gabe dargebracht – jenen dionysischen Unhold, den ich antreten ließ, um alle metaphysische Tröste-rei zum Teufel zu schicken.« Deshalb, versuchte er sich zu trösten, konnte er nun einmal gar nicht anders als Platon verfluchen. Zumindest dafür, dass er sich so hemmungslos diesem unseligen Sokrates anvertraut hatte – ihm, diesem Gegner des Dionysos, der sich gegen Dionysos erhoben hatte. Oh ja, dafür hatte dieser alte Pöbelmann am Ende seinen Schierling doch verdient. War er doch bei Lichte besehen der Vater all dieser blutarmen moralischen Lebensverneiner – einer, der glaubte, das Dasein korrigieren zu müssen. Was hatte er doch kurz vor seiner Hinrichtung gesagt, dieser weiseste Schwätzer, den es je gegeben hat: »O Kriton, ich bin dem Asklepios einen Hahn schuldig.« Und was hatte Sokrates damit sagen wollen? Er, Nietzsche, wusste es genau: »O Kriton, das Leben ist eine Krankheit!« Das war die eigentliche Botschaft, mit der Sokrates sein wahres, verhängnisvolles Gesicht gezeigt hatte: Er war ein Pessimist! Er hatte eben nur eine gute Miene zum Leben gemacht und zeitlebens sein letztes Urteil, sein innerstes Gefühl versteckt. Sokrates, Sokrates hatte am Leben gelitten! Und er hatte noch seine Rache dafür genommen – mit jenem verhüllten, schauerlichen, frommen und blasphemischen Worte!

So tief war Nietzsche in seine Reflexionen versunken, dass er nicht bemerkte, wie sich auf leisen Sohlen Sokrates von hinten an ihn herangeschlichen hatte. Und so fuhr ihm ein grässlicher Schreck in die Glieder, als jener plötzlich mit lautem Gebrüll vor ihn sprang und unablässig »Io, Io, Io« brüllte. Aber damit nicht genug. Sokrates griff nach Nietzsches Arm und zog ihn gnadenlos mit sich.

»Brüderchen, komm tanz mit mir«, flüsterte er ihm breit grinsend ins Ohr.

Nietzsche traute seinen Ohren kaum: »Du, Sokrates, du willst mit mir tanzen? Ich dachte, du hasst das Leben. Ich dachte, du betrachtest das Leben als eine Krankheit?«

»Io, wer hat dir denn ins Hirn geschissen?«, lachte da Sokrates und stieß Nietzsche von sich. »Weißt du nicht, dass ich ein Silen bin und den Satyrn gleiche? Io, ich bin ein Bocksfüßiger, ein Flötenspieler, ein ewig lüsterner Gefolgsmann von diesem da!« Dabei zeigte er auf Dionysos, der mit göttlicher Faust einen irrsinnigen Rhythmus auf seiner Trommel schlug.

»Ha, ich habe Freude am Chaos, mein Bruder! War ich's nicht, der einst sprach, man müsse noch Chaos in sich haben, um einen tanzenden Stern gebären zu können? Oder warst du es? Gleichviel. Und war ich es nicht, der die Selbstgefälligen und Gebildeten aufs Glatteis führte; der sie erstarren ließ wie vom Schlage getroffen, wenn ich mit ihnen verkehrte? Oder warst du es? Gleichviel! Ha, lass uns tanzen, Bruder, auf, auf. Ich würde nur an einen Gott glauben, der zu tanzen verstünde! Jetzt bin ich leicht, jetzt fliege ich, jetzt sehe ich mich unter mir, jetzt tanzt ein Gott durch mich!« Da riss er Nietzsche an sich und wirbelte ihn durch die Luft. Und Nietzsche staunte ...

Von der Kunst, einen tanzenden Stern zu gebären, und warum Tragödien sinnvoll sind

Man muss noch Chaos in sich haben!

Kennen Sie Alexis Sorbas? Diese wunderbare Romanfigur von Nikos Kazantzakis, die Anthony Quinn einst auf der Leinwand lebendig werden ließ in einem großartigen Film, dessen schönste Szene eine Katastrophe ist? Nicht? Dann lassen Sie mich kurz erzählen: Viel Zeit und Geld hatten Sorbas und sein englischer Auftraggeber darauf verwendet, eine Seilbahn zu bauen, mit deren Hilfe sie die dringend für die Inbetriebnahme ihrer Mine benötigten Baumstämme zu Tal befördern wollten. Endlich wird die Seilbahn eingeweiht, der erste Baumstamm saust herab, die Konstruktion wackelt; ein zweiter Baumstamm folgt, und das ganze technische Wunderwerk bricht unter Kabumm und Getöse in sich zusammen. Das erschreckte Volk flieht in alle Richtungen, ein Pope fällt vom Esel – und Alexis Sorbas klopft sich den Staub von seiner Jacke, schaut nach seinem Auftraggeber und ruft: »Boss, hast du jemals etwas so schön zusammenkrachen sehen?!« – Das ist Dionysos!

Das ist das Leben, die andere chaotische, zerstörerische Seite: die dunkle Seite – die Nacht, in der alles unfassbar wird, in der sich die Konturen auflösen, in der es unheimlich wird und man nicht mehr weiß, woran man sich halten soll. Es ist die Kontrastfolie zum klaren Licht der geordneten apollinischen Welt: das »uralte Chaos« (Hölderlin), das aller Ordnung spottet – die Sinnlosigkeit, die allen Sinn mit einem Handstreich auslöscht. Auch das ist das Leben – und auch diese Facette des Lebens hat in der griechischen Mythologie ein Gesicht bekommen, zu dem sie sich gestalthaft verdichtet: Dionysos.

Diese Wirklichkeit müssen wir dazunehmen, wenn wir uns die griechische Erfahrung vom Sinn des Lebens in ihrer ganzen Tiefe und Tragfähigkeit vor Augen führen wollen – weil wir nur so ein Verständnis dafür gewinnen werden, wie es angehen kann, dass Menschen auch dann noch »Ja!« zum Leben sagen, wenn die Welt um sie herum nun gerade nicht in Ordnung ist, sondern in einem dunklen Abgrund des Irrsinns versinkt. Denn das Ungeheuerliche an dem Gott Dionysos ist, dass in ihm der Unsinn, der Irrsinn, der Wahnsinn, die Unordnung und das Chaos selbst zu einer bejahenswerten göttlichen Gestalt verdichtet sind. Dionysos, so könnte man sagen, steht für den Sinn des Unsinns, ja mehr noch: für den Sinn des Wahnsinns. Und nur wenn wir verstehen, inwiefern für die griechische Weltwahrnehmung selbst Unsinn, Wahnsinn und Irrsinn noch ein göttliches Antlitz haben und von dem Lichtglanz göttlichen Sinns umstrahlt sind, werden wir ahnen können, was eine wirklich tragfähige Sinnerfahrung ist.

Vom Sinn des Wahnsinns – Dionysos und der Zauber der Raserei

Wer also ist dieser Dionysos? – Keine leichte Frage, denn die Deutungen der Religionsforscher und Altertumswissenschaftler gehen weit auseinander. Schon der Römer Cicero hatte das geflügelte Wort geprägt: »Dionysos multos habemus« – wir haben viele Dionysosse. Er ist deshalb schwer zu fassen, dieser Gott, und trotzdem nah, wie wir noch sehen werden. Dessen ungeachtet gibt es aber einige Charakteristika, die in der von ihm erzählenden Mythologie immer wieder in Erscheinung treten. Für ein Kurzporträt des Dionysos müsste das ausreichen – dafür, Ihnen den Gott des Wahnsinns und Unsinns vorzustellen; ihn, der als Gott den Sinn des Wahnsinns und Irrsinns verbürgt.

Noch einmal also: Wer ist Dionysos? Antwort Nummer eins: Er ist der kommende Gott. Dionysos ist immer im Kommen. Zu seinem Wesen gehört es, nicht da zu sein, um dann plötzlich und überraschend zu erscheinen. Wobei er meistens aus dem Wasser kommt oder zumindest von Übersee anrückt. Und wenn er dann da ist, dann kommt er den Menschen äußerst nahe – dann berückt er sie, dann entrückt er sie, dann verzückt er sie und dann beglückt er sie; vor allem aber verrückt er sie: hinaus aus den gewohnten Bahnen und Bezügen ihres alltäglichen Lebens. Hinaus aus den geordneten Verhältnissen ihrer Lebenswelt und hinein in eine urtümliche Wildheit, Unbehaustheit, Anarchie – zurück ins nackte, rohe und chaotische Leben. Wie ein Sturm fährt er mit wildem Getöse in die Menschen – mit besonderer Vorliebe übrigens in Frauen – und versetzt sie in taumelnden Rausch und zitternde Erregung. Unser »Special consultant« in Sachen Mythologie, Walter F. Otto, bringt es so auf den Punkt: »Die vertraute Welt, in der die Menschen sich so sicher und behaglich eingerichtet hatten, sie ist nicht mehr! Das Tosen der dionysischen Ankunft hat sie hinweggefegt. Alles ist verwandelt. Aber nicht in ein liebliches Märchen, ein Paradies kindlicher Einfalt. Die Urwelt ist hervorgetreten, die Tiefen des Seins haben sich geöffnet, die Urgestalten alles Schöpferischen und Zerstörerischen, mit ihren unendlichen Wonnen und unendlichen Schrecken, sind emporgestiegen und haben das harmlose Bild der wohlgeordneten Gewohnheitswelt zersprengt. Sie bringen keinen Trug und Traum, sie bringen die Wahrheit – eine Wahrheit, die wahnsinnig macht.« Und weiter: »Im Mythos und im Erlebnis der erschütterten Gemüter sprudeln, wenn Dionysos da ist, nährende, berauschende Quellen aus dem Erdboden. Die Felsen tun sich auf und lassen Wasserbäche fließen. Alles Verschlossene öffnet sich. Fremdes und Feindliches verträgt sich in wunderbarer Eintracht. Uralte Regeln haben plötzlich ihr Recht verloren, und selbst die Maße von Raum und Zeit gelten nicht mehr.«

Wo Dionysos erscheint, verflüssigt sich alles Starre und Feste. Maß und Ordnung verfließen im Strom des Lebens. Alles schlägt um und kehrt sich in sein Gegenteil. Keine Logik, keine Verlässlichkeit, nichts, worauf man bauen könnte. Dionysos kettet die Sonne von der Erde los – aber er, der solches tut, ist ein Gott –, und die Entfesselung selbst ist ein heiliges Geschehen: eines, das bejaht und gutgeheißen werden kann, weil es das eine göttliche Leben ist, das hier in seiner chaotischen und ungestalten Vitalität hervorbricht. So liegt es vollkommen in der Logik des Mythos, dass all das in den dionysischen Kreis gehört, was das Leben verflüssigt: allem voran der Wein, der ihm heilig ist und der bei den Kultfeiern des Dionysos reichlich konsumiert wurde; ebenso der ekstatische Tanz und die rhythmische Musik.

Vor allem dieser Facette des Dionysischen galt Nietzsches Interesse. Die Macht und Wirklichkeit des von ihm so verehrten Dionysos erkannte er überall dort, wo die »Macht des Scheins« (für ihn: die Macht Apollons) gebrochen wurde – und das geschah seiner Auffassung nach vor allem in der Musik. Wo sie mit dionysischer Macht den Menschen ergreift, so Nietzsche, da fühlt sich »jeder mit seinem Nächsten nicht nur vereinigt, versöhnt, verschmolzen, sondern eins [...]. Singend und tanzend äußert sich der Mensch als Mitglied einer höheren Gemeinsamkeit; er hat das Gehen und Sprechen verlernt und ist auf dem Weg, tanzend in die Lüfte emporzufliegen. Aus seinen Gebärden spricht die Verzauberung.« Eine Verzauberung, die für Nietzsche aber – ganz wie es auch Otto sah – nicht mehr und nicht weniger ist als der Einbruch der ungeschminkten und schrecklichen Wahrheit von Chaos, Auflösung, Zerstörung und Tod in die friedlichschiedliche Scheinwelt der Zivilisation: der Einbruch einer Wahrheit, die darin liegt, dass alle Ordnung des Lebens letztlich die Frucht des Chaos ist; und dass aller Bestimmtheit und Individuation des Lebens mit unentrinnbarer Gewalt das Ende bevorsteht.

Der Tod, das Sterben, die Auflösung – in der göttlichen Gestalt des Dionysos werden sie zu unwiderlegbaren Aspekten des Lebens, denen das große »Ja!« des sinnerfüllten Menschen ebenso gelten muss, wie die schönen und harmonischen Ordnungen des Apollon. Kein Wunder, so gesehen, dass Dionysos selbst Leben und Tod in sich vereint – dass er dem Mythos zufolge selbst den Tod erlitt; und zwar nicht irgendeinen, sondern einen denkbar grausigen, bei dem der Gott von den Titanen in tausend Stücke gerissen wurde. Und kein Wunder, dass sich immer da, wo er die Menschen aus den üblichen Bahnen ihres Lebens schleudert, Abgründe der Gewalt und des Schreckens öffnen. Ein besonders drastisches Exempel dafür statuiert die Tragödie *Die Bakchen* von Euripides. Sie erzählt davon, dass Dionysos einst in die Stadt Theben kam und dort – wie es seinem Wesen entspricht – alles in Aufruhr versetzte: Vor allem die Frauen wurden ob seiner Nähe »verrückt«, verließen Haus, Hof und Gatten und zogen sich gemeinsam zurück in die Wildnis, wo sie in Eintracht mit den Tieren des Waldes lebten. Allein König Pentheus stellte sich dem Gott in den Weg. Ihm behagte das Treiben der Frauen gar nicht, was ihn veranlasste, als ungebetener Gast heimlich ihrer Zusammenkunft beizuwohnen. Doch entdeckten ihn die rasenden Weiber und rissen, nun vollends vom göttlichen Wahnsinn erfasst, den König in Stücke.

Auflösung, Zerstückelung, Tod – Wahnsinn und Irrsinn. Wesen und Wirklichkeit eines Gottes, dessen Kommen das unheimliche, doppelte Gesicht des Lebens zeigt, »vor dem alle Grenzen, die der normale Tag gesetzt hat, schwinden müssen. Da steht der Mensch«, um noch einmal Otto zu zitieren, »an der Schwelle des Wahnsinns – ja, er ist schon in ihm, wenn auch seine Wildheit, die ins Zerstörerische fortgehen will, noch gnädig verhüllt bleibt. Schon ist er hinausgeschleudert aus allem Gesicherten und Gefestigten, aus allen Ruheplätzen des Denkens und Empfindens, in den Urweltsturm ewiger Wandlung und Neuwerdung todumschlungenen und todberauschten Lebens. [...] Lebensfülle und Todesgewalt, beide sind in Dionysos gleich ungeheuer. Nichts ist gemildert, aber auch nichts verzerrt [...]; alles nach griechischer Art klar und gestaltet geschaut. Diese Wirklichkeit hat der Grieche in ihrem ganzen Ausmaß ertragen und als eine göttliche angebetet.« Was so viel heißt wie: bejaht und als sinnvoll erlebt, wie ich ergänzen möchte.

Davon zeugen auch die Kultfeiern, die überall in der alten Welt zu Ehren des Dionysos veranstaltet wurden. Immer setzten sie die bestehende Ordnung außer Kraft, und gerne gaben sie etwas von dem Grauen der Urwelt zu erkennen, das immer dann aufzubrechen drohte, wenn Dionysos die Menschen ergriff und die dünne Schicht ihrer Zivilisation porös werden ließ. Etwa, wenn beim Fest der Agrionien in Orchomenos der Dionysos-Priester eine Schar von Frauen verfolgte und – laut Plutarch – angeblich jede erschlug, die er erreichen konnte. Dagegen erscheint der moderne Karneval, das letzte Nachglühen jener alten Dionysos-Feiern, als vergleichsweise harmlose Veranstaltung.

Nun handelt es sich bei dem sonderbaren Kult aus Orchomenos offenbar um eine Ausnahme, die schon in der Antike mit ungläubigem Staunen zur Kenntnis genommen wurde. Wichtig für unseren Zusammenhang ist, dass die alten dionysischen Feiern dazu dienten, in regelmäßigen Abständen dem Wahnsinn freien Lauf zu lassen und die chaotische, wilde, ungezähmte Facette im Menschenleben zuzulassen. Auf diese Weise gelang den Griechen zweierlei, was nach meinem Dafürhalten das eigentliche Geheimnis ihrer ungeheuren kulturellen Blüte ist, deren Glanz bis in unsere Zeit strahlt: Zum einen hielten sie auf diese Weise das Bewusstsein dafür wach, dass alles Leben und alle Zivilisation, alle Ordnung und alle Kultur auf äußerst dünnem Eis gebaut sind – dass sich jederzeit der Abgrund öffnen kann. Dass jederzeit Naturkatastrophen, Seuchen, Gewaltexzesse über die Menschen hereinbrechen können; weshalb sie vermutlich weniger fassungslos vor eben diesen finsteren Aspekten des Lebens stehen konnten als wir Heutigen es tun, die wir dem Chaos kaum noch eine Chance lassen und uns stattdessen darauf verlegt haben, die dunkelsten und finstersten Abgründe per DVD oder Fernsehen ästhetisch zu konsumieren und auf diese Weise von uns fernzuhalten. Was nichts, aber auch gar nichts mit den rauschhaften Erfahrungen früher Dionysos-Feste gemein hat, die sich bedingungslos, mit Haut und Haar, auf die Abgründe des Lebens einließen. Aber das ist ein Thema für sich.

Zum anderen – und das ist nun die Folge des erstgenannten Punktes – war es den Griechen auf diese Weise möglich, eine Balance höherer Ordnung herzustellen: den harmonischen Ausgleich zu schaffen zwischen der schön geordneten, harmonischen und wohltemperierten Welt des Apollon – und dem ungestalten, wüsten, wilden, chaotischen und maßlosen Leben des Dionysos; eine griechische, allzu griechische Balance, die es erlaubte, die innere Widersprüchlichkeit des Lebens, die unauflösbare Polarität von Tod und Leben, nicht nur auszuhalten und anzuerkennen, sondern mit göttlichen Weihen zu versehen und ohne Wenn und Aber zu bejahen.

Ihren Ausdruck fand diese Harmonie oder Balance höherer Ordnung darin, dass im heiligsten Heiligtum der alten Welt, in Delphi, Apollon und Dionysos gleichermaßen verehrt wurden. Beide teilten sich das kultische Festjahr: Die Wintermonate gehörten dem Dionysos, die Sommermonate dem Apoll. Und nach einem Bericht des Pausanias stellten die Giebelfelder des delphischen Apollon-Tempels auf der einen Seite Apollon mit seiner Mutter Leto, seiner Schwester Artemis und den Musen dar, auf der anderen Seite Dionysos mit den von ihm in Wahnsinn versetzten Weibern. Ferner gibt es, wie Otto erwähnt, Vasenbilder aus der Zeit um 400 v. Chr., auf denen sich Apollon und Dionysos die Hand reichen. Ja, sogar das Grab des Dionysos wurde in Delphi lokalisiert. All das weist darauf, dass die Verbindung von Dionysos und Apollon, die höhere Synthese dieser beiden grundlegenden, dabei aber antipodischen Mächte des Lebens, dem

Geiste des alten Hellas äußerst wichtig war. »Apollon mit Dionysos, dem trunkenen Reigenführer des Erdkreises – das wäre das ganze Ausmaß der Welt.« Sie wäre mit sich im Einklang, verbunden »in dem unendlichen Gegensatz des ruhelos kreisenden Lebens und des stillen, fernblickenden Geistes«, wie Otto schreibt.

Anders gesagt: Die ungeheuerliche und wahrhaft große Kulturleistung des alten Hellas bestand darin, die apollinische Lebenskunst mit der dionysischen Lebenskunst zu verbinden und auf diesem Fundament ein Lebensgefühl zu kultivieren, das uns heute vorbildlich sein könnte: vorbildlich darin, dem Leben gelassener zu begegnen und es selbst da zu bejahen, wo unsere moralischen Wertsetzungen, Wunschbilder und Ideologien uns dazu anhalten, es von uns zu weisen – was dann aber dazu führt, dass wir uns nur noch davonstehlen können: in Zerstreuung, Arbeit, Depression, Burnout, Lethargie oder was sonst die Sinnfinsternis unserer Tage an Symptomen zeitigt.

Des Wider-Spännstigen Zähmung – Heraklit und der Zusammenfall der Gegensätze

Apollon und Dionysos, Ordnung und Chaos, Struktur und Auflösung. Das sind die Pole, zwischen denen das Leben fließt. Und der Sinn des Lebens ist – nach griechischer Auffassung – nur zu finden, wenn wir diesen inneren Widerspruch, diese Paradoxie des Lebens aushalten und in ihrer wechselseitigen und dabei doch stimmigen Verwobenheit annehmen. Es braucht beides: Wer nur die harmonische Welt des Apollon bejaht, kann ebenso wenig das tiefe und tragende Ja zum Leben aussprechen wie derjenige, der nur den ewigen Wandel und Umschlag des Dionysos zu schätzen weiß. Das sieghafte, jubelnde »Ja!«, das nach Viktor Frankl die kostbarste Ressource des Lebens ist, bejaht das Leben in seiner apollinisch-dionysischen Doppelgesichtigkeit, in seiner inneren Widersprüchlichkeit und Absurdität. Es erkennt gerade darin die Bejahbarkeit und Schönheit des Lebens, dass Licht und Dunkel, Wahnsinn und Sinn, Glück und Schmerz in ihm verbunden sind. Die große, echte, tiefe Harmonie des Lebens ist eben nicht Friede Freude Eierkuchen, sondern Hochspannung.

Und darin entspricht sie genau der stimmigen, spannungsgeladenen, inneren Struktur der Welt, die ein Heraklit oder ein Platon in ihrer Tiefe fanden. *Phýsis*, dieses ewige Kommen und Gehen der Phänomene, dieses Leben des Kosmos, war für sie ein lebendiger Prozess, in dem Widersprüchlichstes verbunden ist: *complexio oppositorum* (Verflochtenheit der Gegensätze), wie ihr später Bruder im Geiste, Nikolaus von Kues, zu Beginn der Renaissance formulierte.

Damit griff der philosophierende Kardinal ein zentrales Motiv der Weltdeutung des Heraklit auf. Der hatte nämlich 2000 Jahre zuvor den gleichen Gedanken in dunklen Worten formuliert: »Zusammengefasst sind Ganzes und Nichtganzes, Einträchtig-Zwieträchtiges, Einstimmend-Missstimmendes, und aus Allem Eins und aus Einem Alles.« Oder: »Das Wider-einander-Stehende zusammenstimmend und aus dem Unstimmigen die schönste Harmonie«. Und: »Sie verstehen nicht, wie das Unstimmige mit sich übereinstimmt: des Wider-Spännstigen Fügung wie bei Bogen und Leier.« Damit wollte der schon in der Antike sprichwörtlich »der Dunkle« genannte Denker zum Ausdruck bringen: Alles ist in dem einen großen, kosmischen Leben verbunden. Der Kosmos ist in sich widersprüchlich, aber gerade darin liegt seine unwiderstehliche Schönheit, seine Lebendigkeit und seine Bejahbarkeit. Denn alles, was lebt, ist je für sich ein systemisches Geflecht, in dem sich eine Vielfalt von heterogenen oder sogar konträren Aspekten zur spannungsvollen Ganzheit zusammenfügt, die immer dann vollkommen realisiert ist, wenn sie in sich in resonanter Harmonie schwingt. Alles ist *lógos*, wie Heraklit sagte: Ordnung im Fluss, eine Musik voller Dissonanzen und Harmonien, deren Spannung und kontinuierlicher Umschlag die Seele bezaubern. So jedenfalls könnte man die Essenz von Heraklits Philosophie der *phýsis* zusammenfassen; oder sich zumindest doch einen Reim auf die oft schwer zu verstehenden Fragmente machen, die von ihm überliefert sind.

Auch Platon kreiste in immer neuen Anläufen um diese wunderbare Paradoxie des kosmischen Lebens. Und das GUTE, das ihm tiefster Grund und letzte Quelle alles Seins und Werdens war, erwies sich für ihn auch da noch mächtig, wo es seine ordnende, treffende, stimmende und gestaltgebende Kraft aussetzte, um der unleugbaren

Wirklichkeit des Chaos die Ehre zu erweisen. Nur da, wo das Grenzenlose und das Gestaltgebende ineinander verwoben und in der spannungsvollen Harmonie der Weltseele verbunden sind, erklärt Platon in seinem Dialog *Philebos*, kann sich das Erscheinen der Welt – *phýsis* – ereignen und das ewige »Werden zum Sein« zutragen. Nur im lebendigen Miteinander von strukturierendem Geist und unterschiedslosem Chaos (bei Platon *chôra*) gebiert sich ewig neu der Kosmos, erzählt er im Weltentstehungsmythos seines Dialogs *Timaios*. Eine völlig indifferente, qualitätslose »Prägemasse« für die *phýsis* alles Seienden müsse man voraussetzen: ein »unsichtbares, gestaltloses, allaufnehmendes Etwas, das auf eine höchst unerklärliche Weise doch gedacht werden kann«, »ein ewiger offener Raum, der alles Entstehen erst ermöglicht«. Und noch andere gewundene Worte und dunkle Metaphern tischt Platon in diesem Zusammenhang auf, um deutlich zu machen, wie unausweichlich es ist, das vollkommen Unfassbare und Sinnlose als Grund und Mutterboden alles Fassbaren und Sinnvollen vorauszusetzen – wenn auch dieses Unfassbare eigentlich gar nicht denkbar ist und bestenfalls nur »erträumt« werden kann.

Nur weil er immer wieder dem Unsinn abgerungen wird, kann Sinn sich ereignen, könnte man Platons tiefe Einsicht für unseren Zusammenhang reformulieren – ganz so, wie Seiendes nur denkbar ist als dasjenige, was immer wieder dem Nichts abgerungen wird – und immer wieder ins Nichts zurückfallen kann und muss. Ein ewiges Kommen und Gehen (Dionysos!), ein ewiges Umschlagen (Dionysos!) ist dieser Kosmos – ein ständiges Spiel zwischen Sinn und Unsinn, Ordnung und Chaos – ein ewiger Widerspruch, der aber dennoch in der harmonischen Spannung der alles umfassenden Weltseele ausgehalten wird. Ja, mehr noch: der auf wunderbare Weise die im ewigen Werden und Vergehen begriffene Schönheit und Bejahbarkeit dieser Welt hervorbringt. Denn darauf läuft diese tiefste philosophische Deutung der alten mythologischen Bilder doch hinaus: gerade in der paradoxen Harmonie des alles durchdringenden Lebens, gerade in ihrem Gemischt-Sein aus Sinn und Unsinn, Ordnung und Chaos, Dissonanz und Resonanz, ist diese Welt bejahbar und der Kosmos das »schönste Lebewesen«. Gerade weil er dem unendlichen Chaos, dem ewigen Unsinn abgerungen ist, kann Sinn sich überhaupt ereignen.

Denken Sie nur an Viktor Frankl; an sein großes »Ja!«. Es scheint bald so, als ob dieses »Ja!« seine ganze Strahlkraft und Intensität, seine lebenserhaltende Kraft gerade deshalb entfalten konnte, weil es sich so leuchtend von dem Hintergrund des totalen Irrsinns und Unsinns abhob; weil es als Sinnlicht inmitten der tiefsten Sinnfinsternis aufflammte: »Und in diesem Augenblick – leuchtet ein Licht auf in einem fernen Fenster eines Bauerngehöfts, das wie eine Kulisse am Horizont steht, inmitten des trostlosen Grau eines dämmernden bayrischen Morgens –, ›et lux in tenebris lucet‹, und das Licht leuchtet in der Finsternis.«

Sein ist über dem Nicht-Sein gebaut, Sinn ist über dem Unsinn gebaut. Ordnung ist über dem Chaos gebaut –

und Leben ist der ewige Umschlag vom Einen ins Andere: dionysische Auflösung und apollinische Komposition. Mit der Zauberkraft der Resonanz und Harmonie fügt der apollinische Geist das Sinnlose in den Sinn, das Vereinzelte in die Form, das Viele in die Ganzheit. Mit der Zauberkraft des Rausches löst der dionysische Geist die Strukturen wieder auf und setzt das Vereinzelte frei zu neuen Konstellationen. Und so geht es immer weiter, denn so ist das Leben, und dieses Leben ist schön.

Des Lebens Schönheit aber ist nicht gemacht. Nicht, weil wir uns in Schmids Sinne ein schönes Leben machen, ist das Leben schön. Eher müsste man sagen: Obwohl Menschen dauernd versuchen, die Welt nach ihrem Bilde zu entwerfen, hört das Leben nicht auf, schön zu sein. Denn die Schönheit des Lebens liegt gerade darin, dass sie sich uns entzieht – dass dieses scheinbar so unbedeutende Leben, das mir zugefallen ist, doch ein so ganz und gar zauberhaftes Wunder ist. Das Wunder, dass es sich trotz all des Unsinns und Irrsinns, trotz dieses ganz normalen Wahnsinns, der uns fesselt und den ich nie wollte, zu einer spannungsvollen Harmonie fügen kann, die nur, weil sie all diese chaotischen und irren Anteile vereint, schön und bejahbar ist. Keine seichte Harmonie aus spannungslosen rosa Wölkchen, sondern eine wahnsinnige Harmonie, die einen um den Verstand bringen kann; und deshalb auch von keinem Verstand gewollt, gemacht oder entworfen werfen kann.

Schönheit und Bejahbarkeit des Lebens, so will mir scheinen, entziehen sich unserem Wollen. Sie sind unserem Machen entzogen und ereignen sich dann, wenn es sich trifft. Und das große Wunder des Lebens besteht darin, dass es von sich aus darauf angelegt ist, dass es sich trifft: dass Harmonie entsteht und Ordnung dem Chaos abgetrotzt wird.

Friedrich Cramer hat in seinem Buch *Chaos und Ordnung* minutiös gezeigt, wie Recht Johannes Kepler doch hatte, als er 1594 in seinem *Mysterium Cosmographicum* schrieb, die Welt sei harmonisch. Denn »je tiefer wir in die Zusammenhänge eindringen, desto mehr Harmonien entdecken wir«. Ja, ganz so, wie es schon die alten griechischen Philosophen erlebt und gedacht hatten, lasse sich allenthalben beobachten, dass Harmonie und Schönheit sich ganz von allein einstellen, wenn man »Chaos unter bestimmten, rückgekoppelten Bedingungen sich selbst ›aufschaukeln‹ lässt«. Schönheit könne als eine »Flucht nach vorne« beschrieben werden, die genau dann entsteht, wenn ein lebendiges System »gerade noch vor dem Chaos ausweichen kann«; sie sei eine »Gratwanderung« und »ein mathematisch begründbares Gesetz auf der mathematisch fixierbaren Grenze zwischen Ordnung und Chaos«. Deutlich macht Cramer das am Beispiel des sogenannten Goldenen Schnitts, einer Proportion, die nicht nur als Strukturgesetz überall in der Natur auftaucht, sondern die uns – ob wir nun wollen oder nicht – immer dort, wo wir ihr begegnen, schön erscheint. »Der Goldene Schnitt ist die irrationalste aller möglichen irrationalen Zahlen und hat darum gleichzeitig etwas mit Chaos zu tun«, erklärt Cramer, und trotzdem oder gerade deshalb finden wir ihn unausweichlich schön. Was ihn schließlich zu der für uns bedeutenden Schlussfolgerung veranlasst: »Schönheit ist offenbar da am ergreifendsten, am deutlichsten dort, wo sie an die Grenze zum Chaos vorstößt, wo sie ihre Ordnung freiwillig aufs Spiel setzt. Schönheit ist eine schmale Gratwanderung zwischen dem Risiko zweier Abstürze: auf der einen Seite die Auflösung aller Ordnung in Chaos, auf der anderen die Erstarrung in Symmetrie und Ordnung. Nur auf diesem gefährlichen Grat entsteht Schönheit, wird Gestalt.« Nur auf diesem gefährlichen Grat entsteht Sinn, nur dort kommt uns das siegreiche und jubelnde »Ja!« entgegen; dieses Ja, das aus dem spannungsreichen Miteinander von Apollon und Dionysos erwächst.

Verstehen Sie jetzt, warum ich so auf den alten Griechen herumreite? Und sehen Sie mir nach, dass ich bei ihnen bleibe? Ich glaube wirklich, dass wir gut daran tun, ihre Weisheit für die Gegenwart neu zur Sprache zu bringen. Denn an Chaos haben wir wahrlich keinen Mangel. Und an erstarrter Ordnung auch nicht. Nur die Kunst, beides zusammenzubringen – die ist uns abhandengekommen. Die Folge: Sinnfinsternis. Was für eine Tragödie!

Incipit Tragoedia – Nietzsche und sein Ja zum Leiden

Mal ganz was anderes: Finden Sie eigentlich, dass Zinedine Zidane böse war? – Sie wissen doch: Zidane, dieser geniale Fußballer, der bei der WM 2006 Frankreich ins Finale führte und dann in der Verlängerung, ich glaube, es war die 109. Minute, auf wundersame Weise zum Bock mutierte und seinen Bewacher – so eine ganzkörpertätowierte Ausgeburt der Unterwelt namens Materazzi – mit einem Kopfstoß vor die Brust niederstreckte. Zidane flog vom Platz, und Frankreich verlor das Elfmeterschießen. So war das. Und da frage ich Sie nun: War Zidane böse? War er ein Arsch? Oder – war er eine tragische Figur?

Merken Sie, worauf ich hinauswill? Man kann die Dinge so oder so betrachten. Man kann das Handeln eines Menschen nach Maßgabe der Moral und dem in ihr geltenden Code von Gut und Böse be- und verurteilen. Man kann es aber auch in ein anderes Licht rücken – ins Licht der tragischen Weltbetrachtung. Und dieses Licht – Überraschung! – leuchtete hell in der alten Welt. Ganz klar: Ein alter Grieche wäre nicht auf die Idee gekommen, in Zidanes »Ausraster« (wie man so sagt) etwas Gewolltes zu sehen – etwas, für das er geradestehen und für das man ihn zur Verantwortung ziehen müsse. Für ihn wäre klar gewesen: Ein Dämon ist in ihn gefahren! Vielleicht der göttliche Geist des gehörnten Pan oder eines bocksfüßigen Satyrn aus dem wahnsinnigen Gefolge des Dionysos (was jedenfalls gut zu seiner wahnsinnigen Spielweise gepasst hätte). Und folglich hätte unser Grieche sich jedes moralischen Urteils enthalten. Für ihn wäre klar gewesen: Das ist okay – denn auch hier sind Götter! Er hätte Zidanes »Tätlichkeit« als Ausbruch einer gottdurchwirkten Lebendigkeit gedeutet und deshalb »Ja!« zu ihm gesagt. Dass der Platzverweis sein musste, hätte nicht zur Diskussion gestanden – denn Verstöße gegen die Spielregeln wurden auch im alten Hellas geahndet; aber Zidane wäre ihm nie zum Buhmann geworden.

Wer Fußball, die Welt, sich selbst – sogar Gott – mit den Augen der Tragik sieht, weiß, dass es möglich ist, trotzdem »Ja!« zum Leben zu sagen; trotzdem das Leben gutzuheißen oder es doch wenigstens gut sein lassen zu können; sich trotzdem mit sich und der Welt zu versöhnen. Und er weiß auch, wie heilsam das ist, weil nur so ein Leben in Harmonie möglich wird: weil es nur dann möglich ist, wenn es uns gelingt, den Fesseln des moralischen Urteilens zu entschlüpfen und das eine göttliche Leben auch dort zu erkennen, wo die Schatten unserer Verneinung es bislang unserem Blick entzogen hatten.

Der Ort, an dem der tragische Blick eingeübt werden konnte, war in der alten Welt das Theater. Und das Theater war – wundert Sie's noch? – eine Kultstätte des Dionysos. Zu den »Großen Dionysien« brachten Aischylos, Sophokles oder Euripides im Athener Dionysos-Theater ihre Tragödien zur Aufführung und erzählten darin von den unentwirrbaren Dilemmata des Lebens, vom Aufeinanderprallen konkurrierender Welten und deren Ordnungen, von Menschen und Helden, die bei all ihrer Geisteskraft doch immer auch Spielbälle der Götter waren. Da zeigte sich, mit anderen Worten, das Leben in seiner ganzen inneren Widersprüchlichkeit – da brach es aus allen dionysisch-wahnsinnigen Abgründen der Seele heraus und leuchtete doch im milden Goldglanz apollinischer Schönheit; so dass die Zuschauer »Ja!« sagen konnten: zu sich, zum Leben, den Göttern und der Welt. Eine Einübung in die hellenische Lebenskunst, die aus Dionysos und Apollon gemischt war, ein Sich-Ausliefern an die Schrecknisse und Fährnisse des Lebens, das zuletzt aber nur dazu führen sollte, auch diese in ihrer Wirklichkeit anzuerkennen und Frieden mit ihnen zu machen.

Es war – nach Kenntnisstand der modernen Psychologie und Psychotherapie – ein zutiefst therapeutisches Geschehen, das sich da in den alten Theatern zutrug: ein Geschehen, bei dem die konkurrierenden, abgespaltenen, verdrängten und verschatteten Aspekte des eigenen Lebens – der eigenen Seele – verdichtet zu Göttern, Helden und Dämonen ins schöne Licht eines apollinischen Arrangements gerückt wurden und auf diese Weise integriert, bejaht und gutgeheißen werden konnten. So konnten im Zusammenspiel von Dionysos und Apollon – von entfesseltem Chaos und sinnstiftendem Licht – die Seelen der Menschen geheilt werden; so konnten sie eingestimmt werden auf die in sich so widersprüchlich-spannungsvolle Harmonie des Lebens, um mit ihr in Resonanz schwingend das große »Ja!« zu erfahren.

So jedenfalls deutete Nietzsche die antike Tragödie. Und mir scheint, dass er damit ziemlich richtig lag. Für ihn war klar: Die Griechen scheuten sich nicht vor den dunklen Seiten des Lebens. Leiden war ihnen nicht etwas, das überwunden werden muss oder überwunden werden kann, wie es in Nietzsches Augen die großen Religionen wie Buddhismus und Christentum in Aussicht stellen; sondern Leiden war ihnen eine selbstverständliche Erfahrung, die etwas mit dem dionysischen Mysterium zu tun hatte, dass alles einem ewigen Fluss und Wandel unterworfen ist; dass das Leid von Zerstörung und Tod mit der Freude von Schaffen und Zeugung verschwistert ist. Die Griechen, so Nietzsche, waren deshalb ein »unendlich sensibles, für das Leiden so glänzend befähigtes Volk«, das nur dank des Kunstgriffs der Tragödie das Leben ertragen konnte – dank der Tragödie, in der ihnen das Leben »von einer höheren Glorie umflossen in seinen Göttern offenbart« wurde.

Doch war diese Glorie – dieser apollinische Lichtglanz des Sinns, mit dem wir es nun schon mehrfach zu tun hatten – in Nietzsches Augen ein Kunstprodukt. »Um leben zu können, mussten die Griechen diese Götter, aus tiefster Nötigung, schaffen«, behauptet er in seiner Abhandlung über *Die Geburt der Tragödie aus dem Geiste der Musik*. Die apollinische Ordnung der Dinge, die Aureole der Bejahbarkeit, mit der jener Gott das dionysische Chaos verklärte, ist künstlicher Schein – ein genialer, aber gleichwohl doch unwahrhaftiger Kunstgriff, mit dem sich die Griechen, so Nietzsche, über die Absurdität dieser Welt hinwegtäuschten; und der ihm deshalb überaus fragwürdig erschien. Dionysos und Apollon – das war ihm ein »Kampf der Wahrheit gegen die Kunst« oder besser: »der Wahrheit gegen die gleißnerische Schönheit« des Apollinischen. Am Ende war es ihm – Nietzsche – darum zu tun, diesen Kampf zu Gunsten des Dionysos zu entscheiden: dem wilden, rohen, chaotischen Leben gegen seine apollinische Harmonisierung, Ordnung und Urbanisierung zum Durchbruch zu verhelfen. Deswegen stilisierte er sich zum »Jünger des Dionysos« und erklärte seinen Zarathustra – diesen »dionysischen Unhold« – zum »Fürsprecher des Lebens«, zum »Fürsprecher des Leidens«. Deshalb beflügelte sein Denken eine moderne Kunst, die nicht mehr schön, aber gnadenlos wahr sein wollte, und mit entfesselter dionysischer Gewalt alles Gestalthafte, Harmonische, traditionell Schöne auflöste oder in Stücke klopfte. Und deshalb gelang es ihm – tragischerweise – am Ende gerade nicht, die von ihm so großartig beschriebene und zu Recht gefeierte tragische Sicht zu neuem Leben zu erwecken.

Denn tragisch kann nur in die Welt blicken, wer die sinnvollen Ordnungen und Gestalten, die sinnvollen Bedeutungen und Lebensentwürfe nun gerade nicht für reine Kunstprodukte menschlichen Schaffens und Wollens hält – sondern wer darin das Wirken und Walten des Göttlichen, der Weltseele oder wie auch immer sieht: eine objektive Realität, ein Grundprinzip des Lebens, das von sich aus darauf angelegt ist, über dem Abgrund des Chaos immer aufs Neue Sinn, Schönheit und Bejahbarkeit zu generieren. So dass wir mit Recht und aus tiefster Wahrheit heraus »Ja!« zum Leben sagen können – »Ja« zum Leben, das immer aufs Neue seine Schönheit offenbart und immer aufs Neue sein schreckliches und erschütterndes Gesicht zeigt. Weil seine ewige und absolute Göttlichkeit weder allein in seiner schönen, wohlproportionierten apollinischen Ordnung gründet, noch allein in seinem chaotischen, pulsierenden dionysischen Rausch; sondern es gründet allein in jenem in spannungsvoller Harmonie gehaltenen Mit- und Ineinander beider Kräfte – in diesem paradoxen Miteinander, auf das sich geistig und emotional einzustimmen bedeutet, eine tragische Weltsicht auszubilden. Dass dies auch heute noch möglich ist, beweist ein wunderschönes Gedicht des zeitgenössischen amerikanischen Dichters Brian Andreas: »She said she usually cried at least once each day not because she was sad, but because the world was so beautiful & life was so short.«

Das ist tragisch gefühlt und darin – bei all seiner Kürze – groß. Und ungewöhnlich. Denn eine tragische Weltsicht ist heute alles andere als selbstverständlich. Wir leben mehrheitlich in einer Empörungskultur, die sich darin gefällt, den moralischen Stab über alle möglichen »Missetäter« zu brechen; die politische Gegner oder Andersgläubige nicht leben lassen will. Und die nicht mehr weiß, dass es sehr wohl möglich ist, Taten, Situationen und Zustände entschieden abzulehnen, gleichwohl aber anzuerkennen, dass sich auch in ihnen dieses eine, große, sinnvolle und göttliche Leben bekundet, das uns in seltenen, heiteren Augenblicken so sieghaft entgegenjubelt. Wäre er in einem moralisch-empörten Denken gefangen gewesen, ich wette, Viktor Frankl hätte an diesem denkwürdigen Wintermorgen nicht »Ja!« zum Leben sagen können; trotzdem – trotz aller Ablehnung und Absurdität seiner Situation, trotz all des Grauens und all des Leidens – aus der Gewissheit, dass dieses Leben in all seiner Widersprüchlichkeit doch gut und schön und sinnvoll ist.

Das sollte uns zu denken geben: Ihnen und mir! Ich meine: Es sollte uns eine Ermutigung sein, die Weisheit des Tragischen neu zu beherzigen, die Weisheit einer Weltsicht, die – um es noch einmal mit Nietzsche zu sagen – »das Vorhandene vergöttlicht, gleichviel ob es gut oder böse ist«; die Weisheit einer Weltsicht, auf deren Grund die griechische Kultur gebaut war; der das Sein heilig war und nicht der Wille – und die sich deswegen immer wieder der Welt und dem Kosmos anvertrauen konnte.

Ich denke, dieser Weg steht uns auch heute noch offen. Ja, er steht uns vielleicht offener denn je. Denn die gegenwärtige Sinnfinsternis bringt zutage, dass die alten moralischen und metaphysischen Strategien der Sinn-Deutung und Sinn-Erfahrung nur noch bedingt erfolgreich sind. So gibt es immer mehr Menschen, die angesichts der großen Krisen der Gegenwart anfangen, an der Heiligkeit des Willens zur Macht und den Glücksverheißungen einer selbstmächtigen Lebenskunst zu zweifeln; zumal für die meisten der alte Gott tot ist und sie sich nicht mehr darauf vertrösten lassen wollen, den Sinn ihres Lebens im Jenseits zu finden. Gleichzeitig schält sich mit den neuesten Erkenntnissen der Wissenschaft eine neue Weltsicht heraus, die all das zu bestätigen scheint, was die alte griechische Philosophie lehrte. So muss sich heute auch niemand mehr fürchten, als ewiggestriger Metaphysiker verspottet zu werden, wer zu denken wagt, dass Sinn, Harmonie und Schönheit objektive Realitäten des Lebens sind, und dass es ein objektives Gesetz allen Lebens ist, in allen Dimensionen – körperlich-physikalisch, seelisch-psychologisch, geistig-spirituell – darauf angelegt zu sein, mit sich und seiner Umgebung in Harmonie und Resonanz zu schwingen. Ja, ich bin davon überzeugt, dass wir uns auf ein wissenschaftliches Weltbild hinbewegen, das Nietzsches scharfe Attacke gegen alles Objektive und Absolute korrigieren wird; das neu zu denken gibt, dass Ordnung und Struktur, Schönheit und Wahrheit, Gutes und Sinn eben nicht die gespenstischen Erfindungen eines Platon und seiner Epigonen sind, sondern reale Aspekte der Wirklichkeit, die wir überall finden und erfahren können. Und die zu finden und zu erfahren uns den Mut gibt, auch die dunklen und abgründigen Seiten des Lebens anzuschauen. Nicht länger Tod und Krankheit, Leid und Sterben auszublenden und an die Peripherie unserer Lebenswelt zu verbannen, sondern sie zu integrieren in ein umfassendes Selbstverständnis von Gesellschaften und Individuen, die an keine Verheißungen von Leidfreiheit und Sicherheit mehr glauben und stattdessen die Tragik allen Lebens anerkennen und bejahen.

Ganz im Ernst: Ich glaube, eine solche Weltsicht, ein solches Lebensgefühl würde uns allen gut tun. Wir würden endlich dem »ganz normalen Wahnsinn« unseres rastlosen Lebens entkommen, wenn wir unser und aller Leben in seiner Widersprüchlichkeit und Gebrechlichkeit bejahen könnten und nicht dauernd den Illusionen von Sicherheit, Leidfreiheit und Bedeutsamkeit nachjagen müssten; wenn wir die Sinnhaftigkeit unseres Lebens auch oder gerade in seiner Tragik erfahren könnten. Meinen Sie nicht auch, dass wir diesen Weg einschlagen sollten – zurück in die Zukunft einer bejahbaren Welt, die nicht von Sinnfinsternis bedeckt ist, sondern im hellen Licht des Sinns erstrahlt?

Tja, aber wie kommen wir dahin? Lebenskunst? Ja, Lebenskunst, aber nicht die philosophische Lebenskunst der Postmoderne, die darauf setzt, Sinn nach Maßgabe des eigenen Wollens und Schönheit nach Maßgabe des eigenen Schaffens zu stiften; sondern eine apollinisch-dionysisch-tragische Lebenskunst, die es sich erlaubt, die dunklen Seiten des Lebens zu beweinen und sich an den hellen Seiten des Lebens zu freuen; die sich nicht scheut, dem Grauen in die Augen zu sehen und trotzdem »Ja!« zum Leben zu sagen; die darauf verzichtet, die so allgegenwärtige, verzweifelte Frage der von Sinnfinsternis Geschlagenen zu stellen: »Was habe ich vom Leben zu erwarten?« – sondern mit sokratischer Gelassenheit fragt: »Was erwartet das Leben von mir?« Das jedenfalls wäre eine Lebenskunst ganz im Sinne eines Viktor Frankl, der lehrte, wir müssten dahin kommen, »dass wir nicht mehr einfach nach dem Sinn des Lebens fragen, sondern dass wir uns selbst als Befragte erleben, als diejenigen, an die das Leben täglich und stündlich Fragen stellt – Fragen, die wir zu beantworten haben, indem wir nicht durch ein Grübeln oder Reden, sondern nur durch ein Handeln, ein richtiges Verhalten, die Antwort geben. Leben heißt letztlich nichts anderes als: Verantwortung tragen für die rechte Beantwortung der Lebensfragen, für die Erfüllung der Aufgaben, die jedem Einzelnen das Leben stellt, für die Erfüllung der Forderung der Stunde.«

Und wie kommen wir dahin? Wie stellen wir es an, dieser Verantwortung gerecht zu werden? Was gibt uns die Kraft und die Weisheit, das Licht auch im Dunkeln zu sehen und uns vom Sinn des Lebens anrühren zu lassen, wo vordergründig nur Absurdität herrscht? – Sind Ihre Fragen auch meine Fragen? Ja? Dann lassen Sie uns einen letzten Schritt gemeinsam gehen. Noch einmal wird er Sie zu Platon und den Griechen führen. Aber nicht nur das. Er wird Sie auch dahin führen, wo Sie den Sinn des Lebens am ehesten finden: in Ihr Herz. »Das Wesentliche ist für die Augen unsichtbar«, sagt der Fuchs zum Kleinen Prinzen, »man sieht nur mit dem Herzen gut.« Eine wundervolle Weisheit von Antoine de Saint-Exupéry, die ich wie folgt übersetzen möchte: Den Sinn des Lebens muss man fühlen. Er erschließt sich nur dem Herzen. Er zeigt sich in der Sinnlichkeit. Und zwar dann, wenn wir lieben.

Fünftes Zwischenspiel im Himmel

Mit geschlossenen Augen lag Nietzsche auf dem Rücken. Schnell und heftig schlug sein Herz, denn der Tanz hatte ihn angestrengt. Doch ein seliges Lächeln spielte um seine Lippen. »Still! Still!«, dachte er, ohne zu denken, »ward die Welt nicht eben vollkommen? Flog die Zeit wohl davon? Falle ich nicht? Fiel ich nicht – horch! in den Brunnen der Ewigkeit?« Doch schon schlich sich sein flinker Wille zurück in seine Glieder und sprach: »Auf, du Schläfer! Wohlan, wohlauf, ihr alten Beine! Zeit ist's und Überzeit, manch gut Stück Wegs blieb euch noch zurück! Nun ...« In diesem Augenblick zuckte er zusammen. Hell und klar wie einen Gong vernahm er über sich eine majestätische Stimme.

»Sieh mich an!«

Er musste gehorchen.

Nietzsche schlug die Augen auf. Und da stand sie vor ihm. Genauer: Da stand sie über ihm. Aphrodite, nackt, strahlend, unwiderstehlich. Alles an ihr war glänzend, alles strahlte und leuchtete. Ihre goldenen Ringe funkelten, ihre Ohrgehänge blinkten, und ihren zarten Nacken umschlangen prächtige, edelsteinbesetzte Ketten, so dass über ihren zarten Brüsten eben die Sonne aufzugehen schien, während in ihrem dunklen Haar noch das Glitzern von Sternen zu ahnen war. Da entbrannte das Herz ihm, und ein nie gekanntes Feuer durchpulste seinen jubelnden Leib.

»Ja«, stammelte er vor sich hin, »was aus Liebe getan wird, geschieht immer jenseits von Gut und Böse.« Und ohne einen Gedanken zu denken, griff er nach ihrer Scham. Da aber geschah etwas Unerhörtes: Eine Tür öffnete sich in seiner Brust, und ehe er sich versah, schlüpften die Götter in ihn hinein und tanzten zum Rhythmus seines bebenden Herzens. Da verstand er alles. Die Welt um ihn leuchtete in allen Farben. Mit einem Seufzen sank er in Aphrodites Schoß.

Und Nietzsche liebte.

Von der Hellsichtigkeit der Liebe und warum Sinn und Sinnlichkeit nicht zu trennen sind

Ins Herz!

»Und jetzt auch noch die Liebe! Nach 212 Seiten packt er endlich aus und tischt uns die Liebe auf. Jetzt kommt er in die Puschen und sagt: Liebe ist der Sinn des Lebens! Na bravo! Trivialer geht's wohl nicht mehr, oder?« – Hm? Haben Sie gerade so was gedacht? Naja, sehen Sie: Das dachte ich auch. Aber dann ist mir klar geworden, dass es vielleicht doch nicht so trivial ist, wie es aussieht, wenn man die Chuzpe hat zu sagen: »Du suchst den Sinn des Lebens? – Wohlan, so lerne lieben!« Immerhin lehrte Jesus auch schon so was in der Art. Und nicht nur er. Eigentlich haben das sogar so ziemlich alle Weisheitslehrer aller Religionen und Philosophien gelehrt. So gesehen weiß ich mich in keiner schlechten Gesellschaft. Aber das ist nicht der Grund dafür, warum ich mich erkühne, Ihnen diese scheinbar so triviale Weisheit aufzutischen. Mir geht es um Folgendes: Wir könnten zwar theoretisch wissen, was zu tun ist (und was schiefläuft, weil wir es nicht tun) – lieben nämlich –, brauchen aber immer neue Begründungen und Anläufe, um tatsächlich in die Liebe zu finden und so das große »Ja!« auf unsere Lippen zu zaubern. Und das aus einem einfachen Grund: Genau wie beim Sinn, so trüben auch bei der Liebe jede Menge Konzepte, Erwartungen, Ansprüche und Ideologien unseren Blick. Und so kommt es, dass wir zwar viel von Liebe und Sinn daherschwätzen, gleichwohl aber in einer reichlich lieblosen und sinnlosen Welt leben. Also: die Liebe.

So, und nun behauptet dieser Quarch, dass wir ohne Liebe weiterhin in Sinnfinsternis tappen und bestenfalls mal hier und da ein kleines »Ja« der Bedeutsamkeit oder Zweckmäßigkeit erfahren; bestenfalls kraft unseres Wollens ein solches »Ja!« sprechen, nicht aber kraft unserer leidenschaftlichen Begeisterung. Nun kommt der und behauptet, dass wir lieben müssen, um sinnvoll zu leben. Das schreit nach Erklärung. Fragen wir also: Was hat es mit der Liebe auf sich, dass sie uns den Sinn des Lebens erschließen kann? Wie müssen wir sie deuten, wenn wir verstehen wollen, warum sie das Medium ist, in dem Sinn sich enthüllt?

Wer Sinn finden will, muss fühlen

Halten Sie bitte noch einmal kurz inne. Blättern Sie noch mal ein paar Seiten zurück und lassen das dort Gelesene auf sich wirken: diese Sache mit Dionysos und Apollon. Erinnern Sie sich? Es ging darum, dass das Leben in sich widersprüchlich ist, dass Sinn und Unsinn, Ordnung und Chaos, Freude und Leiden darin unabdingbar ineinander verschlungen sind: dass sie ineinander umschlagen und nie eines ohne das andere zu haben ist; und dass das große »Ja!« seine Größe genau darin hat, dass es gerade dieser paradoxen Symphonie aus Ordnung und Chaos gilt, aus Bleiben und Wandel, aus Schönheit und Grauen; ein »Ja!«, das vor nichts die Augen verschließt und in allem das allumfassende göttliche Ganze sieht. – Wie ging es Ihnen damit? Konnten Sie dem folgen? Konnten Sie es fassen? Oder ging es Ihnen wie mir: Sie hatten zwar irgendein unbestimmtes Gefühl, dass es stimmt, was dort über das Leben gesagt war, während gleichzeitig Ihr wacher Verstand rebellierte und zu bedenken gab: »Unmöglich! Unmöglich kann ich all die grauenvollen und schmerzhaften Seiten des Lebens als Facetten eines übergeordneten göttlich sinnvollen Guten annehmen. Was wäre das auch für ein Gott, der die Menschen mit Tsunamis und Erdbeben geißelt!? Was soll Sinnvolles an Auschwitz sein!? Wie kann ich Krebs und Alzheimer bejahen, wo so viele verehrte und geliebte Menschen darunter leiden?! Wie kann ich ...« Ihnen fällt sicher noch mehr ein, stimmt's? Mir auch!

Ganz klar: Intellektuell, rational, kognitiv kommen wir dem nicht bei. Unser Verstand wehrt sich dagegen, das Sinnlose als sinnvoll zu bejahen. Diese dionysische Zumutung lehnt er schlicht ab. Und flüchtet sich lieber in die kontrollierbare und sichere Welt von Business und Unterhaltung, Sicherheit und Wohlstand – *ease, comfort and security*. Was ja auch durchaus nützlich sein kann und uns über das Gröbste hinwegtröstet; was uns aber nicht den inneren Halt gibt, den wir brauchen, um in den großen Krisen des Lebens standzuhalten. Denn diese Flucht entfernt uns immer mehr vom Sinn, immer mehr vom »Ja!«, immer mehr vom Leben! Und da liegt das Problem.

Wie können wir es lösen? – Indem wir dem Verstand abschwören und uns in die gedankenlose Leere der östlichen Weisheitslehren flüchten? Nein! Zumal auch diese – bei näherer Betrachtung – lehren, wie unverzichtbar es für ein gelingendes Leben ist, stimmige Deutungen und Interpretationen desselben zu haben. Nein, noch einmal: Nicht denken ist auch keine Lösung. Aber *nicht nur denken* – das würde weiterhelfen. Zudem *auch fühlen*, das scheint mir der probate Weg zu sein. Denn die stimmige Harmonie von Gefühl und Gedanken – sie ist es, die uns den Sinn des Lebens finden lässt. Oder anders gesagt: Um die in sich widersprüchliche Stimmigkeit des Lebens wirklich zu verstehen, müssen Sie mit dieser polaren, spannungsgeladenen und dabei doch harmonischen Schwingung in Resonanz gehen. Und dafür brauchen Sie Gefühl, Gespür und Sinnlichkeit.

Ihr Verstand hingegen tappt dabei im Dunkeln. Denn er ist gewohnt, in der zweiwertigen Logik des Entweder-Oder zu denken: Entweder es ist richtig oder es ist falsch; entweder er ist gut oder er ist böse; entweder sie ist schwanger oder sie ist es nicht. Wobei Letzteres eindeutig richtig ist, was zu erkennen gibt, wie nützlich und hilfreich es ist, sich im täglichen Leben in einer zweiwertigen Logik zu bewegen: Entweder ich kaufe oder ich kaufe nicht; entweder ich sage zu oder ich sage ab; entweder ich gehe zu Fuß oder ich nehme das Auto. Beides gleichzeitig läuft nicht.

Etwas anders aber verhält es sich mit: Entweder es ist richtig oder es ist falsch. Das trifft sicher für Mathematik und Orthographie zu (und nicht nur da). Aber auch, wenn es um Entscheidungen für das Leben geht? Schon schwieriger! Und vollends kompliziert wird es bei: Entweder er ist gut oder er ist böse! Selbst bei Darth Vader funktioniert das kaum, obwohl Hollywood es uns ansonsten in dieser Hinsicht ziemlich leicht macht – leicht und fad, denn Sie wissen so gut wie ich, dass nur diejenigen Geschichten wirklich spannend sind, die keine eindeutigen Zuweisungen von Gut und Böse kennen und sich moralischer Wertungen enthalten – weil sie uns dazu einladen, sie in tragischem Licht zu sehen.

Kurz, am Ende scheint mir jener Rabbi Recht zu haben, von dem Folgendes erzählt wird: Einst kam ein Mann und fragte ihn um Rat wegen dem Kummer, den er mit seiner Frau hatte. »Es hilft nichts«, sagte der Mann am Ende des Gesprächs, »ich werde mich von ihr trennen müssen.« Der Rabbi antwortete nur: »Du hast Recht!« Da kam die Frau dieses Mannes und schüttete beim Rabbi ihr Herz aus. Sie klagte und rang die Hände, doch zuletzt kam sie zu dem Schluss: »Er darf mich nicht verlassen!« Und der Rabbi sprach: »Du hast Recht!« Die Frau des Rabbis hatte gelauscht. Nun trat sie vor ihn: »Mann«, fuhr sie ihn an, »wie kannst du diesem Mann sagen, dass er Recht hat; und gleichzeitig dieser Frau sagen, dass sie Recht hat. Ihre Reden stoßen einander vor den Kopf!« Der Rabbi schaute seine Frau voller Liebe an und sagte: »Frau, du hast Recht!«

Ich liebe diese Geschichte. Denn sie zeigt eines: Was der Verstand nicht fassen kann, nimmt die Liebe leicht ans Herz. Was der Verstand nicht gutheißen kann, bejaht die Liebe mit einem Lächeln. Warum? – Weil die Liebe anders tickt. Sie kennt keine zweiwertige Logik. Sie braucht kein Entweder-Oder. (Wenn Ihr Mann sagt: »Entweder er oder ich!«, dann spricht entgegen landläufiger Meinungen nicht die Liebe aus ihm, sondern die Angst!) Die Liebe liebt das Sowohl-als-Auch. Und sie entspricht darin der paradoxen Grundstruktur des Lebens, die aus Chaos und Ordnung, Sinn und Unsinn, Ja und Nein gemischt ist. Ein liebendes Herz kennt die innere Widersprüchlichkeit der Seelen und kann daher mit tragischem Blick auf das Tun der Menschen blicken, wo der moralisch geschulte Verstand nur Kategorien wie »richtig oder falsch« und »gut oder böse« kennt. Ja, das liebende Herz hat einen unmittelbaren Zugang zum Leben und versteht deshalb, wenn Heraklit sagt: »Eines und dasselbe sind Lebendes und Totes, Wachendes und Schlafendes, Junges und Altes: denn dies schlägt um in jenes und ist jenes, und jenes wiederum schlägt um in dieses und ist dieses.« Oder: »Der Gott ist Tag und Nacht, Winter und Sommer, Krieg und Frieden, Sattheit und Hunger.« Denn ein liebendes Herz weiß um die Verbundenheit von allem mit allem. Auch dann, wenn sie nicht offen zutage liegt. Ich komme gleich noch einmal darauf zurück.

Jetzt geht es mir erst einmal darum, Ihnen diesen Gedanken ans Herz zu legen: Die innere Wandelbarkeit, Widersprüchlichkeit und Absurdität des Lebens – dieses tragische Ineinander-verwoben-Sein von Leid und Freud, Leben und Tod, Dauer und Wechsel, Trennung und Gemeinschaft –, wir können sie nicht mit dem Verstand, wohl aber mit dem Herzen bejahen. Der Verstand mag keine Tragödien, ihm ist der dionysisch-chaotische Bodensatz des Lebens zutiefst unheimlich. Deshalb lässt er sich lieber komödiantisch unterhalten (so viel zum Boom der Comedians). Das Herz dagegen hat Sinn für Tragik. Ganz wie es der Rabbi vormacht: »X redet Stuss über Y? Y redet Stuss über X? Mir doch egal! Beide geben sie ihr Bestes! Sie tun mir leid, die Lieben!« So spricht das liebende Herz und so spricht es gerade dann, wenn es tragisch wird: »Ödipus hat seinen Vater ermordet und seine Mutter geschwängert? Macht nichts! Er war ja nicht böse, er war verblendet. Was für eine tragische Figur!« oder: »Auschwitz? Trotzdem ›Ja!‹«

Womit wir wieder bei Viktor Frankl und seinem großen »Ja!« wären. Und mir scheint, jetzt ist es an der Zeit, noch einmal den Zusammenhang in Erinnerung zu rufen, worin sich seinem Zeugnis nach das große »Ja!« an jenem eisig-grauen Wintermorgen ereignete: »Du stehst im Graben bei der Arbeit; grau ist die Morgendämmerung um dich, grau ist der Himmel über dir, grau ist der Schnee im fahlen Dämmerlicht, grau sind die Lumpen, in die deine Kameraden gehüllt sind, grau sind ihre Gesichter. Wieder hebst du an mit deiner Zwiesprache mit dem geliebten Wesen ...« – Das ist der wichtigste Satz: Frankl ist bei seiner Liebsten. Er ist in der Liebe. Und diese Grundschwingung seines offenen Herzens gebiert das Wunder: »Und in diesem letzten Aufbäumen gegen die Trostlosigkeit eines Todes, der vor dir ist, fühlst du deinen Geist das Grau, das dich umgibt, durchstoßen, und in diesem letzten Aufbäumen fühlst du, wie dein Geist über diese ganze trostlose und sinnlose Welt hinausdringt und auf deine letzten Fragen um einen letzten Sinn zuletzt von irgendwoher dir ein sieghaftes ›Ja!‹ entgegenjubelt.«

Und in einer anderen Passage erzählt er: »Während wir kilometerweit dahinstolpern, im Schnee waten oder auf vereisten Stellen ausgleiten, immer wieder einander stützend, uns gegenseitig hochreißend und vorwärtsschleppend, fällt kein Wort mehr, aber wir wissen in dieser Stunde: jeder von uns denkt jetzt nur an seine Frau. Von Zeit zu Zeit schaue ich zum Himmel hinauf, wo die Sterne verblassen, oder dort hinüber, wo hinter einer düsteren Wolkenwand das Morgenrot beginnt. Aber mein Geist ist jetzt erfüllt von der Gestalt, die er in jener unheimlich regen Phantasie festhält, die ich früher, im normalen Leben nie gekannt hatte. Ich führe Gespräche mit meiner Frau. Ich höre sie antworten, ich sehe sie lächeln, ich sehe ihren fordernden und ermutigenden Blick, und – leibhaftig oder nicht – ihr Blick leuchtet jetzt mehr als die Sonne, die soeben aufgeht. Da durchzuckt mich ein Gedanke: Das erste Mal in meinem Leben erfahre ich die Wahrheit dessen, was so viele Denker als der Weisheit letzten Schluss aus ihrem Leben herausgestellt und so viele Dichter besungen haben; die Wahrheit, dass Liebe irgendwie das Letzte und das Höchste ist, zu dem sich menschliches Dasein aufzuschwingen vermag. Ich erfasse jetzt den Sinn des Letzten und Äußersten, was menschliches Dichten und Denken und – Glauben auszusagen hat: die Erlösung durch die Liebe und in der Liebe! Ich erfasse, dass der Mensch, wenn ihm nichts mehr bleibt auf dieser Welt, selig werden kann – und sei es auch nur für Augenblicke –, im Innersten hingegeben an das Bild des geliebten Menschen. In der denkbar tristesten äußeren Situation, in eine Lage hineingestellt, in der er sich nicht verwirklichen kann durch ein Leisten, [...] in solcher Situation vermag der Mensch, im liebenden Schauen, in der Kontemplation des geistigen Bildes, das er vom geliebten Menschen in sich trägt, sich zu erfüllen.«

Ergreifender kann man es nicht darstellen: Das tiefste »Ja!« – man findet es in der Liebe; es trifft sich in der Liebe; es stimmt in der Liebe; es *ist* Liebe. Der wahre Sinn, der tiefste, tragende Sinn – er ereignet sich in dieser vollkommenen Resonanz, in der eine liebende Seele, die mit sich im Reinen ist, im Einklang schwingt mit dem großen Leben, das sie umgibt. Dieses »Ja!«, dieser Sinn, dieses Gut ist getragen von einem tiefen, wahren, sonnenklaren Gefühl – einem weisen Gefühl, das entgegen anders lautender Gerüchte keineswegs »unordentlich«, sondern ganz im Gegenteil von apollinischer Klarheit erfüllt ist: Liebe.

Um den Sinn des Lebens denken zu können, muss man ihn fühlen. Ja, bei Lichte besehen, lässt sich das eine gar nicht vom anderen trennen. Das jedenfalls lehrt nicht nur die Erfahrung der Liebenden, sondern auch die zeitgenössische Lebenswissenschaft: »Jeder Kontakt zur Welt erfolgt im Gefühl«, erläutert der Biologe und Philosoph Andreas Weber in seinem sensationellen Buch *Alles fühlt*. Und weiter: »Leben als solches ist Gefühl, und das Bewusstsein spiegelt dieses fühlende Wesen wider« – wobei das Gefühl immer zum Ausdruck bringt, was das Wesen braucht, um seinen inneren Zusammenhalt zu wahren; was es braucht, um mit sich im Einklang zu sein – damit ES STIMMT. Fühlen, so verstehe ich Webers Ausführungen, ist der sicherste Seismograph für die innere Stimmigkeit (oder Unstimmigkeit) unserer selbst. Und es ist immer eine Aufforderung dazu, diese innere Stimmigkeit wieder herzustellen; oder, wenn sie da ist, in der Liebe zu feiern!

Wer auf der Suche nach Sinn ist – nach dem großen Sinn, versteht sich –, sollte sein Gefühl schulen. Das hatte schon Platon gelehrt, und ich finde es verblüffend, dass 2500 Jahre später die Biologie bestätigt: Wer Sinn finden will, muss fühlen. Wer »Ja!« sagen will zum Leben, muss sein Herz aufmachen. Denn für das Wesentlichste überhaupt – den Sinn des Lebens – gilt allemal, dass er für die Augen unsichtbar ist und nur mit einem wachen und klaren Herzen gewahrt werden kann. Und, seien wir ehrlich: Eigentlich wissen wir doch alle, dass die Liebe die Frage nach dem Sinn beantwortet. Frisch Verliebte stellen sich die Frage nach dem Sinn des Lebens nicht (so viel Klarheit ist allemal in ihrem »unordentlichen« Gefühl!). Diese Frage stellt sich ihnen nicht, weil sie längst beantwortet ist, weil Liebende sich und die Welt nun einmal ohne Wenn und Aber bejahen – und selbst dann noch bejahen, wenn die Umstände denkbar ungünstig sind. Dazu hat Viktor Frankl alles gesagt.

Schaut man sich die Sache von dieser Seite an, zeigt sich, dass Sinn und Sinnlichkeit mehr verbindet als nur der Titel von Jane Austens zauberhaftem Roman *Sense and Sensibility*: dass beide tatsächlich gar nicht voneinander zu trennen sind. So dass wir zum Ende dieses Kapitels keinem Geringeren als Udo Jürgens beipflichten müssen, der einst sang:

»Wenn mich einer fragt: Worin
Siehst du für dich des Lebens Sinn?
Dann sag ich ihm: Auch in der Sinnlichkeit.«

Aphrodite – Wo Sinn und Sinnlichkeit verschmelzen

Dass Sinn und Sinnlichkeit untrennbar zusammengehören, war für die griechische Auslegung des Lebens selbstverständlich. Stand doch für diese Wahrheit keine Geringere als die Göttin Aphrodite. In ihr ist die überwältigende Erfahrung der Schönheit zur Gestalt verdichtet. Sie ist die Hinreißende, die Unwiderstehliche, die alles und jeden in Bann Schlagende. Wo sie erscheint, lenkt sie unweigerlich alle Aufmerksamkeit auf sich. Nichts und niemand kann sich ihrem Liebreiz entziehen. Nichts und niemand, der nicht angesichts ihrer bis »in alle Ewigkeit hinaus, unersättlich ›Da capo‹« rufen wollte: »So will ich es noch einmal und unzählige Male!« Aber nicht, weil diese Schönheit so ganz dem entspricht, wie ich es immer machen wollte – nicht, weil sie mein Werk, das Produkt meines

»Willens zur Macht« ist; sondern, weil sie über mich kommt, mich übermächtigt, mich trifft – so dass ich mich ihr schlechterdings nicht entziehen kann. Es ist das große »Ja!«, das »Da capo« des *Übermächtigten*, nicht des *Mächtigen*, das einer Aphrodite entgegenjubelt. Und das macht einen großen Unterschied!

Ah, Aphrodite! Wer oder was ist sie? – Aphrodite ist Gold. Wo die alten Hymnen sie besingen, da glänzt und strahlt alles an ihr. Alles taucht sie in ihr warmes, freundliches, goldenes Licht. Die »goldene Kypris« wird sie gerufen, »die Goldbekränzte«, die – kaum dass sie geboren war – von den Horen aufs Prächtigste geschmückt wurde. Diese, so erzählt der Homerische Hymnus, »taten ihr auf das unsterbliche Haupt den prächtigen, goldenen, / schöngefertigten Kranz, und in die durchstochenen Ohren / fügten sie Blüten aus Messing und aus gepriesenem Golde. / Ihren zarten Hals und silberschneeigen Busen / schmückten sie mit goldnem Geschmeide.«

Schönheit, die sprachlos macht, pure Schönheit. Eine Aureole des Sinns umstrahlt ihren meist nackten, prächtig geschmückten Leib. Man muss sie bejahen! Man kann nicht anders, so hinreißend ist sie. So gesehen steht sie für die unwiderstehliche Sinnhaftigkeit selbst – für das gleißende, göttliche Licht, das die Welt durchdringt und den Menschen mit allen Sinnen berührt. Sinnlich ist sie, und voller Sinnlichkeit gibt sich der hingerissene Mensch ihr hin. In einem Sinnestaumel, der in einer jeden Seele die unendlich kostbare Quelle des Sinns zum Sprudeln bringt.

Gewiss: Auch die anderen Götter sind schön – und jede der im Mythos zu einer Gottheit verdichteten Facetten des Lebens strahlt im Glanze der Sinnhaftigkeit. Auch Apollon lernten wir als den Leuchtenden (*Phoibos*) kennen. Doch war sein Leuchten anderer Art: hoheitsvoll und klar, aus der Ferne kommend und geistig. Aphrodite dagegen trifft mitten ins Herz. Sie entfesselt die Sinne. Sie entflammt die Sinnlichkeit. Sie steht nicht so sehr für die ordnende und heilende Kraft des Sinns, sondern für dessen die Sinne hinreißende Attraktivität. Sinn – so könnte man das mythische Bild der sinnlichsten Göttin übersetzen – ist der ultimative Attraktor: Wo Sinn erscheint, reißt er hin; da geht ein Sog von ihm aus – ein Sog, der uns unwiderstehlich auffordert und antreibt, ein Leben zu führen, das von seinem Licht erleuchtet ist. Ein Sog, der wie ein einsames Licht in der Nacht unseren Blick auf sich lenkt, so dass uns ein sieghaftes »Ja!« entgegenjubelt. Ein Sog, auf den es nur eine Antwort gibt: Liebe, sinnliche Liebe, leidenschaftliche Liebe.

Auch davon erzählt der Mythos. Etwa in folgender reizenden Szene: Aphrodite wandelt auf Erden, »ihr folgten / wedelnd graue Wölfe und Löwen mit funkelnden Augen, / Bären und schnelle Panther, die unersättlich nach Rehen / gierig; und dieser Anblick erfreute die Sinne der Göttin, / und sie erweckte in ihnen so süße Begierde, dass alle / paarweise sich zueinander in schattige Lager gesellten.«

Eine erstaunliche Wirkung, nicht wahr? Sie, deren Sinne selbst entzückt sind, verzückt alles, was ihr nahekommt. So schön ist die Göttin, dass selbst Raubkatzen ihre Mordlust vergessen und stattdessen Kurzweil treiben. Will sagen: Wo sie erscheint, entfacht sie die Sinnlichkeit. Eine Sinnlichkeit, die sinnvoll ist, weil sie Verbindungen stiftet und die großen Polaritäten des Lebens (Weiblich und Männlich; Täter und Opfer) zusammenführt. Sie weckt die Liebe in ihnen, die wie nichts sonst die wahre und echte Harmonie zu erzeugen vermag – eine Harmonie, die die Gegensätze nicht auflöst, sondern ganz im Gegenteil zu ihrer vollen Entfaltung bringt. Wo Aphrodite wirkt, da sind Männer Männer und Frauen Frauen. Kein Wärmetod, sondern Hochspannung. Eine Harmonie, die den Einzelnen völlige Freiheit gewährt und sie doch auf verbindlichste Weise einander verbunden sein lässt. In ihr wächst zusammen, was zusammengehört. Ja, aus dieser Harmonie vermag neues Leben hervorzugehen!

Das alles ist Aphrodite: Sie ist die Verbindende. Doch verbindet sie nicht wie Apollon mit der kristallinen Klarheit der geistigen Ordnung, sondern durch die Entfesselung der Sinnlichkeit in Herz und Leib. Das ist ihre Weise, Verbundenheit und Stimmigkeit zu stiften, so erzeugt sie Harmonie, so schafft sie Sinn und Bejahbarkeit – sie, die Göttin, in der sich der Lichtglanz des Göttlichen von seiner unwiderstehlich schönen Seite zeigt.

Das lässt niemanden unberührt. Die göttliche Schönheit hinterlässt Spuren. Wen sie hinreißt, der ist hin und weg; dessen Sinne sind entfacht, dessen Herz ist entflammt. Wen sie trifft, den trifft jener geflügelte kleine Dämon, den die Griechen *Eros* nannten. »Eros erfüllte das

Herz des Anchises«, erzählt der Homerische Hymnus von der Begegnung des Hirten mit der Göttin; ganz als müsse das so sein. Und genau so ist es: Denn Eros ist der treue Begleiter Aphrodites. Manche mythologische Traditionen erklären ihn nicht zufällig zu ihrem Sohn. Er steht nämlich für das, was bei ihr rauskommt: ihre Wirkung. Er ist die Hingerissenheit selbst; ein Hingerissener, wie Platon sagt, aber kein Gott; wohl aber diejenige Facette im Leben eines Menschen, mit der er unwiderstehlich hingezogen ist zum Göttlichen: diejenige Kraft, die ihn unendlich nach Sinn und Bejahbarkeit streben lässt; diese schier unstillbare Sehnsucht, nach einem Leben, das STIMMT. Eros, so ließe sich unter Bezugnahme auf Viktor Frankl sagen, ist der eigentliche Wille zum Sinn.

Nähert man sich der sinnlich-leidenschaftlichen Liebe – Eros – von dieser Seite, versteht man auch die wunderlichen Dinge, die Platon in seinem Dialog *Symposion* über Eros zu sagen weiß. Wobei ich richtiger sagen sollte: die Platon dort einer erstaunlichen Figur in den Mund legt: Diotima, einer Frau! Was an sich schon ungewöhnlich ist, weil in der philosophischen Literatur der Antike so gut wie nie Frauen auftauchen. Aber hier geschieht es, und das will etwas sagen. Es will sagen, dass es der weiblichen Weisheit bedarf, um auf die Reihe zu bekommen, was es mit der Liebe tatsächlich auf sich hat. Denn bis Diotima in Platons Dialog zu Wort kommt, waren es nur Männer, die bei jenem denkwürdigen Gastmahl ihre Lobeshymnen auf Eros hielten – wobei aber in Wahrheit nur Bekundungen ihrer übersteigerten Selbstliebe herauskamen. Endlich jedoch ist bei diesem Redenreigen Sokrates an der Reihe, der seinerseits nun aber zu verstehen gibt, dass er all seine Weisheit in Liebesdingen (*tá erōtiká*) eben jener Diotima verdanke, von der er sich einst in die »Mysterien des Eros« habe einweihen lassen. Und dann referiert er lang und breit, was er alles von dieser Frau erfahren habe – und skizziert damit nicht mehr und nicht weniger als die tiefste philosophische Deutung der Liebe, die die abendländische Philosophie in ihrem Portfolio hat.

So, und in diesem Zusammenhang nun erfahren wir von Sokrates, Diotima habe ihn gelehrt, dass Eros ein Philosoph sei! Ja wirklich: Eros ist ein Philosoph. Er liebt (*phílei*) die Weisheit (*sophía*). Was dem Uneingeweihten zunächst ganz fremd klingt, dürfte Sie nun nicht mehr erschüttern. Denn haben wir uns nicht eben erst vor Augen geführt, dass sich hinter diesem kleinen geflügelten Knirps, den die Griechen Eros und die Römer Amor oder Cupido nannten, nichts anderes versteckt als die unendliche Sehnsucht des Menschen nach Sinn: diese treibende, drängende Kraft, die uns unablässig danach trachten lässt, so zu leben, dass wir »Ja!« zu uns und der Welt sagen können – mit Sinn und Sinnlichkeit, mit Leib und Seele? Und ist es nicht Eros, die leidenschaftlich-sinnliche Liebe, die uns am Ende tatsächlich dieses »Ja!« auf die Lippen zaubert? So wie es Viktor Frankl im KZ geschah – und mit ihm unendlich vielen Menschen, die schlicht, weil sie liebten, Gefühl und Sinn für den Sinn nicht verloren?

Eros, lässt Platon seine Diotima erläutern, entzündet sich am Schönen. Er öffnet das Herz und lässt das Licht der Sinnhaftigkeit hineinstrahlen. Er lässt sich hinreißen und liefert sich dem aphrodisischen Glanz der Wahrheit aus – diesem Glanz, den wir auch von Platons Idee des GUTEN kennen. Aber er lässt es nicht dabei bewenden. Ihm reicht es nicht, sich begeistern und verzaubern zu lassen. »Schönheit«, so die Meisterin der Liebeskunst, »ist eine geburtshelfende Göttin«: Sie befeuert den Eros, der – gleichsam vom Lichtglanz der Schönheit und Harmonie aufgetankt – nun sein Werk verrichtet. Er stellt Verbindung her und bringt Verbundenheit zu Bewusstsein – die Tiere paaren sich, die Menschen auch. »Zeugung und Schwangerschaft sind etwas Göttliches im Leben der Menschen«, sagt Diotima. Aber sie sagt auch, dass das nicht alles ist. Eros will nicht nur Mann und Frau verbinden. Das wäre zu wenig. Sein eigentliches Werk ist es, Menschen und Götter zu verbinden und dafür Sorge zu tragen, »dass das Ganze mit sich verbunden ist«.

Ich übersetze: Unendlich sehnt sich die Liebe nach Vollkommenheit, unendlich sehnt sie sich nach Ganzheit. Immer sucht sie die Verbindung, immer strebt sie nach Einheit, Einklang und Einstimmigkeit. Immer geht es ihr um das große ES STIMMT, das große »Ja!«, die letzte Wahrheit. Und *nur* sie kann dieses Wunder vollbringen. Sie stiftet Verbindung in der größten Polarität. Sie stiftet den Bund von Apollon und Dionysos. Sie lässt uns die Welt mit tragischen Augen bejahen und lieben und auch zu den dunklen Facetten des Lebens »Ja!« sagen. Sie ist die Kraft, die die Welt im Innersten zusammenhält.

Deshalb ist Eros ein Philosoph. Er will Sinn. Er ist unbedingter Wille zum Stimmigen, Wille zum »Ja!«, Wille zum Leben. Er ist der ultimative Sinnstifter. »Nicht Wille zur Macht, sondern Wille zur Liebe – so lehre ich's dich«, möchte ich dem guten Nietzsche entgegenhalten. Nicht der Wille zur Macht, sondern Eros ist es, der uns den Sinn erschließt. Denn Sinn kann nicht erfunden werden, Sinn kann nur gefunden werden. Und das tut Eros. Weil er nicht macht und schafft und tut und will, sondern sich übermächtigen lässt von der Schönheit, die da ist. Er maßt sich nicht an, das Leben aus eigener Kraft mit aphrodisischem Glanz zu überziehen, sondern gibt sich dem aphrodisischen Glanz des Lebens hin und beflügelt so unsere Herzen und Sinne. Damit begeistert er uns und feuert uns an, immer aufs Neue nach Schönheit und Sinn zu suchen – mit Sinn und Sinnlichkeit das Göttliche auf Erden zu finden. Eros bleibt der Erde treu. Aber er ruht nicht eher auf der Erde, als dass er mit dem frechen Puck aus Shakespeares *Sommernachtstraum* sagen kann: »Hans nimmt sein Gretchen, / Jeder sein Mädchen; / Find't seinen Deckel jeder Topf, / Und allen geht's nach ihrem Kopf.« – Na, sagen wir: nach ihrem Herz.

Eros – Man sieht nur mit dem Herzen gut

Sie haben Recht, meine Damen, da ist noch eine Sache offen geblieben: Ich hatte unter Verweis auf Diotima angedeutet, dass es nach Platons Auffassung der weiblichen Weisheit bedarf, um zu einem angemessenen Verständnis der Liebe zu finden. Aber ich hatte Ihnen noch nicht erklärt, worin diese weibliche Weisheit eigentlich besteht. Und das möchte ich nun nachholen. Es wird übrigens, meine Herren, auch für Sie interessant werden. Denn es geht nun um nichts anderes als die Frage, was es eigentlich zu tun gibt. Ja, wirklich, ich meine: Sie haben jetzt ein ganzes Buch über den Sinn des Lebens gelesen und viel darüber erfahren, was es alles für gute und weniger gute Theorien zu diesem Thema gibt. Aber eigentlich wollten Sie doch wissen, wie Sie ihn finden können. Wenn schon erfinden nicht so richtig geht. Und dazu hatte ich Ihnen noch nicht so viel erzählt; außer, dass ich dafür geworben habe, sich frei zu machen von dieser weit verbreiteten Meinung, Sie könnten durch Technik und Kunstfertigkeit den Sinn Ihres Lebens selbst machen; außer, dass ich Ihnen stattdessen ans Herz gelegt habe, das alte griechische Lebensgefühl zu kultivieren und apollinische Ordnung und dionysisches Chaos in Ihrem Leben zuzulassen und ins Gleichgewicht zu bringen. Genau daran aber möchte ich nun anknüpfen, wenn ich mich anschicke, Ihnen zum Ende dieses Buches dann doch noch ein paar Ratschläge mit auf den Weg zu geben. Ja, das ist mir wichtig: Sorgen

Sie dafür, dass Sie in gute Stimmung kommen: dass alle Saiten Ihrer Seele klingen dürfen; dass die große Symphonie Ihrer inneren Stimmen erklingen darf, ohne dass Sie eine davon zum Verstummen bringen; dass Sie sich gut integrieren in die verschiedenen systemischen Umfelder, in die Sie eingebunden sind: Partnerschaft, Familie, Firma etc. Ja, sorgen Sie dafür, dass der Dionysos in Ihnen gelegentlich seinen rauschhaften Taumel feiert und der Apollon das große Mobile Ihres Lebens immer wieder in die Balance bringt. Kurz: Seien Sie ein guter Komponist Ihres Lebens, ein guter Arrangeur, der mit offenen Augen und wachem Sinn die Dinge wahrnimmt, wie sie sind, und zu einer ganz und gar bejahbaren Symphonie verbindet.

Das alles ist wichtig – aber das alles wird Ihnen nur dann wirklich gelingen, wenn Sie lieben. Und da hilft Ihr Wille Ihnen wenig. Liebe können Sie nicht machen. Sie können ES nur geschehen lassen. Und es wird geschehen, wenn Sie sich für den Anspruch des Lebens öffnen, sich von der Schönheit des Lebens ansprechen lassen – und wenn Sie Ihren Sinn für den Sinn immer mehr schulen und schärfen. Ja, mir scheint, das ist das Letzte, aber auch Wichtigste, was wir von den alten Griechen lernen können: eine erotische Liebeskunst, in der Dionysisches, Apollinisches und Aphrodisisches zusammengewoben sind. Und diese Liebeskunst – das ist es, worauf ich die ganze Zeit hinauswollte – hat laut Platon und Diotima eine spezifisch weibliche Komponente. Sie hat auch eine spezifisch männliche Komponente. Aber die weibliche Komponente ist die wichtigere. Ohne sie geht gar nichts.

Wenn sie fehlt, dann kommt eine irgendwie windschiefe und schräge Lebenskunst dabei heraus. Dann mutiert der Eros zum Willen zur Macht – oder zur Selbstmächtigkeit. Und das ist nicht gut. Weil sich Sinn so nicht ereignet; weil gemachter Sinn flach bleibt und nicht so tief trägt wie der von den Göttern geschenkte.

Diese Rede von der männlichen und der weiblichen Komponente der erotischen Lebenskunst (oder Liebeskunst) rührt her von einer weiteren Passage aus Platons *Symposion*. Sokrates stellt darin seiner Lehrerin eine merkwürdige Frage: »Wer sind des Eros' Eltern?«, möchte er wissen. Und daraufhin erzählt Diotima den Mythos von der Geburt des Eros. In ihrer Version dieses Ereignisses ist er nun aber nicht der Sohn der Aphrodite, wohl aber wird er am Tag ihrer Geburt gezeugt. Was so viel sagen will wie: Ohne die Gegenwart der hinreißenden göttlichen Schönheit wird kein Herz zur Liebe entfacht.

Und dann geht es weiter: »Als Aphrodite geboren wurde, hielten die Götter ein Festmahl. Mit dabei war auch Poros, der Sohn der Metis [= der Klugheit]. Als sie nun gespeist hatten, kam, um zu betteln, auch Penia, und stand an der Türe. Poros nun, trunken vom Nektar – denn Wein gab es noch nicht – ging in den Garten des Zeus hinaus und schlief schwer berauscht ein. Penia aber, die wegen ihrer Dürftigkeit darauf sann, sich ein Kind von Poros machen zu lassen, legte sich zu ihm und empfing den Eros.« – Was soll das?

Also, schau'n wir mal! Wer sind diese eigenartigen Eltern des Eros? Da ist zunächst Poros. *Póros* ist ein griechisches Wort, das mit unserem Wort »Pore« verwandt ist. Es bedeutet: Der Ausweg, Ausgang, die Ausflucht; aber auch der Ausdruck. Entsprechend porträtiert Diotima den Eros nach seinem väterlichen Erbe als einen findigen, schlauen und vor allem kreativen Kerl, der nie um einen Ausweg verlegen ist und stets couragiert dem Schönen und Guten nachstellt – »sein Leben lang philosophierend, ein gewaltiger Zauberer, Alchimist und Forscher«. Eros' Mutter dagegen, Penia, trägt die Bedürftigkeit (*penía*) in ihrem Namen. Sie hat nichts, ist arm, aber sich doch ihrer Armut bewusst. Ihr eigentliches Wesen ist die Empfänglichkeit.

Wenn wir diese Szene ihres mythischen Gewandes entledigen, dann kommt Folgendes heraus: Damit leidenschaftliche Liebe (Eros) im Herzen eines Menschen entflammt, müssen drei Komponenten zusammenkommen. Zunächst bedarf es einer Atmosphäre der Schönheit – der Goldglanz der Bejahbarkeit und Sinnhaftigkeit des Lebens muss auf das Herz des Menschen fallen. Was immer und jederzeit geschehen kann, wenn – ja, wenn – es denn dafür empfänglich ist. Deshalb ist die weibliche Komponente der hingebungsvollen, gelassenen und sinnlichen Empfänglichkeit so wichtig, die alle Kanäle aufmacht, um sich von der Schönheit und Wahrheit des Lebens berühren und durchdringen zu lassen. Es kann noch so viel Schönheit in der Welt sein – wenn Sie sich nicht von ihr berühren und ansprechen lassen, werden Ihr Herz und Ihre Sinne verschlossen bleiben, und Sie werden nie mit Sinn und Sinnlichkeit das große »Ja!« erfahren. Also kommt alles darauf an, dass Sie die weibliche Weisheit des Herzens kultivieren: sich berührbar machen, es zulassen, dass die Welt und das Leben Sie etwas angehen. »Was geht mich das an?«, so fragt ein verschlossenes, vereistes, cooles Herz. Und solange es so fragt, wird ihm das große »Ja!« auf ewig verschlossen bleiben.

Hätte Frankl nicht über die weibliche Weisheit des Herzens verfügt – wäre er nicht in der Liebe gewesen –, hätte er angesichts des Lichts in dem Bauerngehöft womöglich gedacht: Pah, was geht mich das an. Ich habe vom Leben eh nichts mehr zu erwarten. Dann wäre er (nach eigenem Bekunden) im KZ verreckt. Er aber war in der Liebe. Er gewahrte im aufflammenden Licht den Goldglanz des Lebens. Er ließ sich angehen und war berührbar. Der Boden unter seinen Füßen war gefroren, nicht aber sein Herz. Und so blieb er am Leben. So schuf er in diesem Augenblick das Leben neu. Er machte sich dafür empfänglich und fragte: Was erwartet das Leben von mir? So wie Penia neues Leben schuf, da sie den Poros an Aphrodites Geburtstag empfing. Empfänglichkeit, Berührbarkeit, Hingabe an das, was ist – das sind die wichtigsten Voraussetzungen für ein Sein in der Liebe; ein Leben, in dem sich das große »Ja!« ereignen kann.

Aber es braucht daneben den männlichen Pol: Wer immer nur empfänglich ist, wer stets nur aufnimmt und niemals gibt, dem verkümmert genauso die Seele wie demjenigen, der immer nur aktiv und kreativ ist. Beides muss zusammenkommen. Die Liebe kann im Leben nur reifen und gedeihen, wenn sie Gestalt annimmt, wenn Sie ihr

Ausdruck verleihen. »Wes das Herz voll ist, des geht der Mund über«, sagt eine alte biblische Weisheit und hat Recht. Die Liebe muss sich mitteilen, in Zärtlichkeit und Sex, in Partnerschaft und Ehe, in Hilfsbereitschaft und Solidarität, in Poesie und Musik. Um lebendig zu bleiben, muss sie sichtbar werden. Sie kann nicht anders, als couragiert dafür einzutreten, dass zusammenkommt, was zusammengehört: auf dem Liebeslager nicht anders als in der Kunst. Und dass in Ordnung kommt, was nach Ordnung verlangt: in der Politik nicht anders als in der Musik. Und dass ins Gleichgewicht findet, was Balance braucht: in der Partnerschaft nicht anders als in der Ökonomie. Kurz: Das liebende Herz will, dass ES STIMMT; das liebende Herz will, dass es sinnvoll ist. Es hat diese durch und durch apollinische Seite an sich und kommt nur dann zur wirklichen Entfaltung, wenn es ihr Raum gibt und dafür Sorge trägt, dass die Welt in Ordnung ist. Wozu es allerdings immer – auch das unterschlägt Diotimas großartiger Mythos von der Geburt des Eros nicht – den rauschhaft dionysischen Anteil als Gegenpol braucht. Wäre Poros nicht berauscht – kein Eros wäre je gezeugt worden. Der väterliche Anteil also verbindet die beiden großen »männlichen« Quellen eines sinnerfüllten Lebens: Dionysos und Apollon. Ohne deren Miteinander nämlich bliebe Eros fad und konformismusanfällig. Nietzsche hatte schon Recht: »Man muss noch Chaos in sich haben, um einen tanzenden Stern gebären zu können.« Das gilt auch für Eros.

Aphrodisisch-sinnliche Empfänglichkeit und dionysisch-apollinische Kreativität – Mutter und Vater des

Eros, weiblicher und männlicher Anteil. Beides vereint zu einer erotischen Lebens- und Liebeskunst: Das scheint mir nach allem, was wir jetzt gemeinsam betrachtet haben, der zuverlässigste, schönste und freudvollste Weg zu einem sinnerfüllten Leben.

Aber halt! Bevor ich weiter darauf einsteige, darf ich es nicht versäumen, Ihnen diesen kleinen inneren Widerstand zu nehmen, den ich jetzt schon bei einigen von Ihnen spüre: diese Sache mit »männlich« und »weiblich«. Ich fürchte nämlich, da könnte sich in Ihrem Kopf so etwas regen wie »Jetzt will er uns Frauen auf Empfänglichkeit festnageln! Na, bravo! Tolles Rollenverständnis!« – Aber da rufe ich »Halt, halt, halt!« Das will ich nicht sagen, und das wollte auch Platon nicht sagen. Im Gegenteil: Die heimliche Pointe von Diotimas Geschichte liegt gerade darin, dass sich Penia – die Mutter – ganz so verhält, wie es dem väterlichen Anteil des Eros entspricht: aktiv, kreativ, couragiert; während Herr Poros sturztrunken im Garten liegt und vor allem die »mütterlichen« Anteile des Eros realisiert, ist er doch durch und durch passiv, empfänglich, hingebungsvoll. Ich deute das so, dass Diotima damit sagen will: Es gibt zwar einen weiblichen und einen männlichen Anteil des Eros; aber das heißt nicht, dass Frauen immer empfänglich-hingebungsvoll und Männer immer kreativ-aktiv sind. Im Gegenteil: Jeder Mensch hat diese Anteile in sich – und auch wenn sie je nach Geschlecht womöglich unterschiedlich verteilt sind, so können (und sollten) sie doch von Männern und Frauen gleichermaßen entwickelt werden.

Worauf es ankommt, ist am Ende nur, dass Sie Ihr Herz öffnen und sich für die immer und überall – wenn auch zuweilen gar so versteckte – präsente Schönheit und Sinnhaftigkeit des Lebens öffnen. Das sinnlich-liebende Herz ist Ihr Organ für den Sinn. Wenn es sich mit all seiner Sinnlichkeit und Weisheit mit der Klarheit des Denkens verbindet; wenn es empfänglich bleibt für die Schönheit und Sinnhaftigkeit des Lebens und Sie dem in Ihrem Tun und Lassen Ausdruck verleihen, dann wird Ihnen die kostbare Ressource Sinn stets zugänglich sein. Empfänglichkeit und Hingabe – eine demütige Gelassenheit angesichts dessen, was ist –, verbunden mit der schöpferischen dionysisch-apollinischen Kraft, das Leben nach Maßgabe der ihm eigenen Tendenz zu Harmonie und Stimmigkeit zu fügen – das sind die Ingredienzien, aus denen eine erotische Lebens- und Liebeskunst gemischt ist, die am Ende dazu führt, dass ES STIMMT.

Aber noch einmal: Die tragende Säule dafür ist die Empfänglichkeit – diese »mütterliche« Demut und Hingabe, das Leben zunächst einmal so zu nehmen, wie es ist. Sie fehlte in Platons *Symposion* bei all den gewandten und gewieften Rednern, die dort in kunstvollen Reden den Eros (und vor allem sich selbst) priesen. Sehr »männliche« Reden kamen dabei heraus, die viel vom Willen zum Eros und von seinem Nutzen für das Gemeinwesen handelten; oder auch von seiner Bedeutung für die Moral. Deshalb blieben diese Reden alle unstimmig und quer. Spürbar verfehlten sie die Wahrheit der Liebe. Erst da, wo Platon – mit einem literarischen Geniestreich ohnegleichen – in Gestalt der Diotima eine Frau über die Liebe sprechen lässt und die tragende Qualität der sinnlich-hingebungsvollen Empfänglichkeit zur Geltung bringt, stimmt plötzlich die philosophische Deutung des Eros; und vervollständigt sich das Bild einer Lebens- und Liebeskunst, die uns den Weg zum großen »Ja!« bahnt.

Zwei Flügel hat der Erosknabe: zwei Aspekte, die er braucht, um uns Menschen dem Sinn unseres Lebens – der Sphäre des Ewigen und Göttlichen inmitten des Lebens – nahezubringen: »männliche« Kreativität und »weibliche« Empfänglichkeit. Ist nur einer dieser Flügel entwickelt, dann mag Eros flattern, wie er will – er wird sich nicht erheben. Und ganz so wird auch eine Lebenskunst, die nur auf einen dieser Flügel setzt, niemanden dazu bringen, das große, durchdringende und tiefe »Ja!« im Herzen zu tragen. Eine solche Lebenskunst wird zwar der Erde treu bleiben, aber nicht, weil sie das irdische Leben vor dem Horizont seiner göttlichen, golden glänzenden Schönheit feiert (wie die erotische Lebenskunst), sondern weil sie gar nicht in der Lage ist, abzuheben und den Geist und das Herz des Menschen dieser höheren Dimension des Lebens zuzuführen. Und eben das scheint mir das Schicksal der modernen und postmodernen Lebenskünste zu sein.

In Wilhelm Schmids Philosophischer Lebenskunst ist viel die Rede davon, sich ein schönes Leben zu machen. Ja, er hat Sinn für Schönheit, und er hat Sinn für die kreative Kraft eines selbstmächtigen Lebens, das sich zu deuten und zu gestalten weiß. Aber der Eros, den er beschwört, ist am Ende flügellahm, weil er nur dem Bild gilt, das ich mir von mir selbst gemacht habe – meiner eigenen Interpretation des Lebens, die aber immer unter dem Vorbehalt steht, gemessen an der Wahrheit des Lebens womöglich sinnlos zu sein. Und Nietzsche? Nietzsche ist wirklich großartig darin, dass er, wie keiner vor ihm, den männlichen Flügel des Eros seziert hat: Sensationell sind seine Einsichten in dessen dionysische Kraft; großartig ist seine Beschreibung dieses ungeheuren kreativen Potenzials von uns Menschen, unserer Schaffenskraft und unseres Willens zur Macht. Und doch bleibt dies alles nur die halbe Wahrheit, solange der Wille zur Macht nicht durch die demütige Gelassenheit eines sinnlich-liebenden Herzens austariert ist. Nietzsches Drama ist, dass seine Lebenskunst des Schaffens, seine »Artisten-Metaphysik«, unter einer Hypertrophie des »Männlichen« leidet. Man hätte ihm eine Diotima gewünscht, die ihm ans Herz gelegt hätte, dass er gar nicht so viel schaffen und machen und wollen muss: dass auch er – wie jeder Mensch – einfach sein und sich berühren lassen darf. Ganz so, wie er es einmal in einer fast wie ein Fremdkörper in seinem Werk stehenden Passage aus *Also sprach Zarathustra* beschrieben hat: »Scheue dich!«, heißt es da, »heißer Mittag schläft auf den Fluren. Singe nicht! Still! Die Welt ist vollkommen. Singe nicht, du Gras-Geflügel, oh meine Seele! Flüstere nicht einmal! Sieh doch – still! der alte Mittag schläft, er bewegt den Mund: trinkt er nicht eben einen Tropfen Glücks – einen alten braunen Tropfen goldenen Glücks, goldenen Weins? Es huscht über ihn hin, sein Glück lacht.

So – lacht ein Gott. Still!« Mmmh, so sieht Empfänglichkeit aus. Ach, hätte Nietzsche doch mehr davon gehabt. Er hätte mehr zu lachen gehabt.

Ja, dann hätte er sich vielleicht mit Platon ins Leben verliebt; etwas von dieser abgründig-dionysischen Gelassenheit des Sokrates erlebt, für den dieses Leben eine wahrhaft göttliche Tragödie war. Dann hätte er sich vielleicht mit Diotima eingeschifft zu jener großen Lebensreise im Zeichen der Liebe, die sie »die Ausfahrt auf das weite Meer des Schönen« nannte. Und wie anders wäre diese Seefahrt verlaufen als jene, die Nietzsche in seiner *Fröhlichen Wissenschaft* beschrieb – in dem Abschnitt unmittelbar vor der Rede vom Tode Gottes: »Wir haben das Land verlassen und sind zu Schiff gegangen! Wir haben die Brücke hinter uns, – mehr noch, wir haben das Land hinter uns abgebrochen! Nun, Schifflein! Sieh dich vor! Neben dir liegt der Ozean, es ist wahr, er brüllt nicht immer, und mitunter liegt er da, wie Seide und Gold und Träumerei der Güte. Aber es kommen Stunden, wo du erkennen wirst, dass er unendlich ist und dass es nichts Furchtbareres gibt, als Unendlichkeit. Oh des armen Vogels, der sich frei gefühlt hat und nun an die Wände dieses Käfigs stößt! Wehe, wenn das Land-Heimweh dich befällt, als ob dort mehr Freiheit gewesen wäre, – und es gibt kein ›Land‹ mehr!«

»Ach, Freund Nietzsche«, stelle ich mir vor, hätte da Diotima zu ihm gesagt und ihn schützend in den Arm genommen, »wo denkst du hin? Das Land ist immer. Und immer waltet ein Göttliches in der Welt. Lerne es sehen, lerne es fühlen! Schau, es war schon in dem anmutigen Antlitz des Mädchens, das du einst liebtest; schau, es war in ihrem Lächeln – so wie es in dem Lächeln all deiner Freunde ist; schau, es ist in deinen Gedanken; es ist in den Werken der Künstler, in deiner geliebten Musik; schau, mein Bruder, es ist auch in den Wellen dieses chaotischen Ozeans, der unter dir rollt und der dich zu verschlingen droht; schau, es ist auch in den Sternen an diesem Himmel; schau, schau, schau mit dem Herzen – schau und lass dich durchdringen von dem Goldglanz dieses Lebens, von der Schönheit dieser Welt. Und dann flüstere dein ›Ja!‹ und ›Da capo‹. Dann vergiss dein Wollen und sei, der du bist – der, den dir das Leben geschenkt hat!«

Tja, und dann würde sie unserem Nietzsche wie einst dem Sokrates sagen: »Denn erst an diesem Punkt des Lebens, mein lieber Freund, ist, wenn irgendwo, das Leben für den Menschen lebenswert, da er das Schöne selbst betrachtet«, d.h. wo du dir die Schönheit und Bejahbarkeit des Lebens zu Herzen nimmst, so dass dein Intellekt und Wille es gutheißen können – wohl wissend, dass Leben zerbrechlich und zerstörbar, zerstörerisch und grausam sein kann; dass es letztlich nicht zu fassen, wohl aber zu lieben ist – und dass das Leben selbst dann noch etwas von uns erwartet, wenn wir meinen, nichts mehr von ihm erwarten zu dürfen.

*

Tja, das war es, was ich Ihnen sagen wollte. Nun ist ein ganzes Buch daraus geworden. Ich bin mir dessen wohl bewusst, dass dabei viele Fragen offen geblieben sind. Eigentlich geht es jetzt ja erst los: Denn jetzt müssten wir gemeinsam überlegen, wie sich diese apollinisch-dionysisch-aphrodisisch-erotische Lebenskunst, die ich Ihnen ans Herz legen möchte, ins Leben herunterbrechen lässt; wie eine Kultur des Herzens und der Schönheit aussehen müsste; wie wir Sinn und Sinnlichkeit in eine gute Balance bringen könnten. Aber auch das ist eine Wahrheit des Lebens, die es in Demut anzuerkennen gilt: Die Fragen hören niemals auf. Und das ist gut so. Denn so bleiben Sehnsucht und Leidenschaft in Ihrem Herzen wach. Und mit ihnen die Empfänglichkeit und Kreativität, die Sie immer wieder Ihre persönliche Antwort auf Ihre Frage nach dem Sinn des Lebens finden lassen; die Sie immer wieder dazu bringen, lieb gewonnene Gewohnheiten aufzugeben und der Behaglichkeit ihrer Selbstverständlichkeiten abzuschwören. Und das tut not: Streifen Sie Ihre Kostümierungen ab, und bauen Sie keine Luftschlösser. Bleiben Sie der Erde treu. Bleiben Sie sich selbst treu. Erkennen Sie sich selbst. Finden Sie heraus, wer Sie wirklich sind – und hören Sie auf, sich mit dem- oder derjenigen zu verwechseln, die Sie erfinden wollen. Nehmen Sie Maß am Leben, und bringen Sie sich und Ihr Umfeld in Ordnung, so dass ES STIMMT. Und dann stellen Sie immer wieder alles in Frage. Lassen Sie Katastrophen zu. Feiern Sie den dionysischen Rausch. Und verschließen Sie nicht die Augen vor den dunklen Seiten Ihrer selbst und des Lebens. Fühlen und denken Sie tragisch. Und tun Sie das alles mit ganzem Herzen, voller Sinnlichkeit und wachem Verstand, voller Liebe und voller Sinn für die Schönheit des Lebens. Dann wird auch Ihnen das große »Ja!« auf den Lippen spielen. Selbst da, wo gelegentlich eine Sinnfinsternis Ihre Seele drückt: »Wie Vieles ist noch möglich!«, möchte ich mit Nietzsche sagen, »so lernt doch über euch hinweg lachen! Erhebt eure Herzen, ihr guten Tänzer, hoch! höher! Und vergesst mir auch das gute Lachen nicht! Diese Krone des Lachenden, diese Rosenkranz-Krone: euch, meinen Brüdern, werfe ich diese Krone zu! Das Lachen sprach ich heilig; ihr höheren Menschen, lernt mir – lachen!«

Nachspiel im Himmel

Ehrfürchtig traten die Götter vor den Thron des EWIGEN.

»Nun«, erscholl dessen machtvolle Stimme, »ich sah, dass ihr mit den Weisen verkehrtet. Haben sie euch gelehrt, was zu tun ist?«

Hermes trat mit einer Verbeugung vor: »Ja«, sagte er, und ohne ein weiteres Wort zu sprechen, entledigte er sich seines Maßanzugs. Darunter erstrahlte in goldenem Glanze das Licht der vollkommenen Schönheit. Der EWIGE nickte. Und mit einem leuchtenden Lächeln auf seinen Lippen sagte er: »Stimmt.«

Dank

Die Kerngedanken dieses Buches entstanden im Zuge meiner philosophischen Sommerkurse in Cortona und Goldrain in den Jahren 2010 und 2011. Ohne die engagierten und inspirierten Gespräche, die ich bei diesen Gelegenheiten mit meinen Seminarteilnehmerinnen und -teilnehmern führen durfte, wäre es mir wohl nicht gelungen, dieses komplexe Thema auf die Reihe zu bringen. Daher sei an dieser Stelle all denen von Herzen gedankt, die mich mit ihren Gedanken, Fragen und kritischen Einwürfen (auch mit ihren Beifallsbekundungen ...) auf dieser abenteuerlichen geistigen Reise begleitet und unterstützt haben. Dazu gehört auch Stephanie Ehrenschwendner, die das Buch mit großer Empathie und feinem Sinn lektoriert hat. Außerdem gilt mein Dank meiner Frau Christine, ohne deren schwäbischen Charme mir das Aphrodisisch-Apollinische wohl ebenso verschlossen geblieben wäre, wie das Dionysische ohne den ausgeprägten Sinn meiner Kinder Immanuel und Martha für das Chaos ...

Zitierte und erwähnte Literatur

Immanuel Kant wird zitiert nach der von Wilhelm Weischedel im Suhrkamp Verlag herausgegebenen Werkausgabe in 12 Bänden (Frankfurt/M 1968).

Friedrich Nietzsche wird durchgängig zitiert nach der von Giorgio Colli und Mazzino Montinari besorgten Kritischen Studienausgabe in 15 Bänden (abgek.: KSA, Berlin/New York 1988) unter Angabe der Bandnummer und Seitenzahl. Die Zitate in den »Zwischenspielen« sind aus literarischen Gründen nicht immer wortgenau.

Platon wird unter Angabe der Seitenzahlen der sogenannten Stephanus-Paginierung durchgängig zitiert nach der in der Wissenschaftlichen Buchgesellschaft erschienenen achtbändigen Sonderausgabe, hg. v. Gunther Eigler (Darmstadt 1990).

Leon Battista Alberti: Zehn Bücher über die Baukunst, Abschn. VI.2., Wissenschaftliche Buchgesellschaft, Darmstadt 1991.

Aurelius Augustinus: Bekenntnisse, dtv-Klassik, München 1982.

Jeremy Bentham: Einführung in die Prinzipien der Moral, in: Otfried Höffe (Hg.), Einführung in die utilitaristische Ethik, C.H. Beck, München 1975.

Friedrich Cramer: Chaos und Ordnung. Die komplexe Struktur des Lebendigen, Insel Verlag, Frankfurt/M 1993.

Friedrich Cramer: Symphonie des Lebendigen. Versuch einer allgemeinen Resonanztheorie, Insel Verlag, Frankfurt/M 1998.
René Descartes: Meditationen über die Erste Philosophie, 2. Meditation, nach der Übers. v. Gerhart Schmidt, Reclam, Stuttgart 1971.
René Descartes: Discours de la Méthode, hg. v. Lüder Gäbe, Felix Meiner Verlag, Hamburg 1960.
Terry Eagleton: Der Sinn des Lebens, Ullstein, Berlin 2008.
Albert Einstein: Mein Weltbild, hg. von C. Seelig, Ullstein, Berlin 1970.
Günter Figal: Nietzsche. Eine philosophische Einführung, Reclam, Stuttgart 1999.
Viktor E. Frankl: Der Mensch vor der Frage nach dem Sinn, Piper, München 1985.
Viktor E. Frankl: ... trotzdem Ja zum Leben sagen. Ein Psychologe erlebt das Konzentrationslager, dtv, München 1982.
Viktor E. Frankl: Der Wille zum Sinn, Huber Verlag, Bern 2005.
Hans-Georg Gadamer: Wahrheit und Methode, J.C.B. Mohr, Tübingen 1986.
Martin Heidegger: Erläuterungen zu Hölderlins Dichtung, Klostermann, Frankfurt/M 1985.
Martin Heidegger: Vorträge und Aufsätze, Teil 1, Neske, Pfullingen 1967.
Heraklit wird zitiert nach der Übersetzung von Bruno Snell, München 1940.

Hermann Hesse: Glück, Insel Verlag, Frankfurt/M 2000.

Thomas Hobbes: Leviathan, II. Buch, Kap. 17. Zitiert nach der Übersetzung von Jacob Peter Mayer, Reclam, Stuttgart 1970.

Friedrich Hölderlin: Sämtliche Werke und Briefe, Bd.1, Hanser, München 1970.

Die Homerischen Hymnen werden zitiert nach der Übersetzung von Thassilo Scheffer, Sammlung Dieterich, Leipzig 1974.

John Locke: Über die Regierung, Reclam, Stuttgart 1974.

Walter F. Otto: Die Götter Griechenlands, Klostermann, Frankfurt/M 1979.

Walter F. Otto: Dionysos, Mythos und Kultus, Klostermann, 4. Aufl., Frankfurt/M 1980.

Walter F. Otto: Theophania, Rowohlt, Reinbek 1956.

Polyklet wird zitiert nach Ernesto Grassi: Die Theorie des Schönen in der Antike, Dumont, Köln 1962.

Wolfgang Schadewaldt: Die Anfänge der Philosophie bei den Griechen, Suhrkamp, Frankfurt/M 1979.

Wilhelm Schmid: Schönes Leben. Einführung in die Lebenskunst, Suhrkamp, Frankfurt/M 2000.

Jochen Schmidt und Ute Schmidt-Berger (Hg.): Mythos Dionysos, Reclam, Stuttgart 2008.

Thales von Milet wird zitiert nach G.S. Kirk, J.E. Raven, M. Schofield: Die Vorsokratischen Philosophen, dt. v. Karlheinz Hülser, Verlag J.B. Metzler, Stuttgart 1994.

Paul Tillich: Die Frage nach dem Unbedingten, Ges. Werke Bd. V., Ev. Verlagswerk, Stuttgart 1964.

Andreas Weber: Alles fühlt. Mensch, Natur und die Revolution der Lebenswissenschaften, Berliner Taschenbuch Verlag, Berlin 2007.

Die genauen Textbelege können im Internet abgerufen werden unter *www.lumen-naturale.de*.

Anmerkungen zu den literarischen Szenen

Vorspiel im Himmel

Der Erste, der im himmlischen »Rat der Denker« seine Stimme erhebt, ist Augustinus von Hippo. Für seine Wortmeldung verwendet er eine Formulierung, die dem ersten Absatz seines bedeutenden Werkes *Confessiones* entnommen ist. Sein Vorstoß endet freilich glücklos, weshalb Immanuel Kant sich genötigt sieht, mit seinem »kategorischen Imperativ« aufzuwarten. Er greift dabei zurück auf Worte aus seiner Abhandlung *Grundlegung zur Metaphysik der Sitten*.

Nachdem es zum Schlagabtausch zwischen deutschen und britischen Denkern gekommen ist und Gott die Entsendung seiner Propheten angedroht hat, ergreift Friedrich Nietzsche das Wort. Seine feurigen Worte sind dem Anfang von *Jenseits von Gut und Böse* angelehnt, wo es heißt: »Vorausgesetzt, dass die Wahrheit ein Weib ist –, wie? Ist der Verdacht nicht gegründet, dass alle Philosophen, sofern sie Dogmatiker waren, sich schlecht auf Weiber verstanden? Dass der schauerliche Ernst, die linkische Zudringlichkeit, mit der sie bisher auf die Wahrheit zuzugehen pflegten, ungeschickte und unschickliche Mittel waren, um gerade ein Frauenzimmer für sich einzunehmen? Gewiss ist, dass sie sich nicht hat einnehmen lassen.« Im weiteren Verlauf seiner Rede spielt er an auf Motive aus seinem Werk *Also sprach Zarathustra*.

Angemerkt sei außerdem, dass die von Platon und Sokrates herbeigerufene Diotima eine Figur aus Platons Dialog *Symposion* (*Gastmahl*) ist.

Erstes Zwischenspiel im Himmel

Der Dialog zwischen Kant und Nietzsche lässt die beiden Protagonisten mehrfach im Originalton zu Wort kommen. Es geht los damit, dass Kant sagt, es stelle sich ihm eine Frage. Dafür rekurriert er auf eine Passage aus der *Kritik der reinen Vernunft* (Seite B 647 in der Paginierung der 2. Auflage). Und bevor er innehält, sind ihm Worte aus der gleichen Schrift (B 841) in den Mund gelegt. Zum Ende seiner Rede zitiert er die berühmten Anfangssätze aus seiner *Grundlegung zur Metaphysik der Sitten* (B1).

Auch Nietzsches Antworten sind teilweise wörtliche Zitate: Zunächst kontert er mit einer Passage aus dem Kapitel »Auf den glückseligen Inseln« seines großen Werkes *Also sprach Zarathustra* (KSA Bd. 4, S. 110). Es folgt ein Zitat aus dem Abschnitt »Von den Verächtern des Leibes« (KSA 4, S. 39f.). Und zum Ende, bevor sein Lachen den ortlosen Ort durchdringt, spricht er mit Worten aus *Jenseits von Gut und Böse* (KSA 5, S. 107). Danach spielt er mit der »Krone des Lachenden« noch einmal auf *Also sprach Zarathustra* an (KSA 4, S. 368) und zitiert in seinen Schlussworten aus dem Kapitel »Auf den glückseligen Inseln« (KSA 4, S. 112).

Den Satz, den Nietzsche entschuldigend aus seinem mitgebrachten Buch zitiert, findet man im dritten Hauptstück über »das religiöse Wesen« in *Jenseits von Gut und Böse* (KSA 5, S. 70). Anschließend antwortet er dem Gott Hermes mit mehreren Zitaten aus dem Stück »Von den Hinterweltlern« aus *Also sprach Zarathustra* (KSA 4, S. 35f.), die auf einen Passus zulaufen, der dem Stück »Von der Selbst-Ueberwindung« entnommen ist. (KSA 4, S. 147f.). Nach Hermes' erstem, brummeligen »Verstehe« geht's dann weiter mit einem längeren Zitat aus *Jenseits von Gut und Böse* (KSA 5, S. 107). Und solcherart in Schwung gekommen, macht Nietzsche nach einem zweiten »Verstehe« von Hermes geradewegs weiter mit seiner Philippika gegen das Christentum, die ebenfalls von Passagen aus *Jenseits von Gut und Böse* inspiriert ist (KSA 5, S. 67 und KSA 5, S. 211). Nachdem Hermes ihn dann zum Weiterreden ermutigt hat, wechselt Nietzsche wieder zu *Also sprach Zarathustra*, aus dem er zunächst einen Satz aus dem Kapitel »Auf den glückseligen Inseln« (KSA 4, S. 111) zitiert und dann den »Übermenschen« unter Rückgriff auf »Zarathustras Vorrede« (KSA 4, S. 14) preist. Dass Apollon mit Nietzsche »ein Hühnchen zu rupfen« hat, spielt an auf die Schlussszene aus Platons *Phaidon*, in der Sokrates seinen Freunden sagt, man habe dem Asklepios einen Hahn zu opfern.

Drittes Zwischenspiel im Himmel

Die von dem bemerkenswert gedächtnisstarken Platon rezitierten Nietzsche-Worte stammen aus den eher wenig bekannten Vorstudien zu seinem Buch *Über die Geburt der Tragödie aus dem Geiste der Musik* (KSA 1, S. 554). Und Nietzsches verächtliche Replik auf Platon erfolgt mit den Worten seiner Abhandlung *Über Wahrheit und Lüge im außermoralischen Sinne* (KSA 1, S. 880f. und S. 876).

Der apollinische Blitzstrahl wird von Worten des Gottes begleitet, die der antiken Überlieferung zufolge seinen Tempel zu Delphi zierten: »Erkenne dich selbst!« Und »Halte das Maß« (wörtlich: »Nichts allzu sehr!«). Die Geste Platons, mit der er Nietzsche die Fesseln abnimmt, spielt an auf das Höhlengleichnis aus Platons Dialog *Politeia* (*Der Staat*).

Viertes Zwischenspiel im Himmel

Nietzsche tröstet sich ob seiner Zweifel mit Gedanken aus seiner Vorrede zu *Jenseits von Gut und Böse* (KSA 5, S. 12). Sein daran anschließendes Bekenntnis zur Jüngerschaft des Dionysos hat er in *Ecce homo* verewigt (KSA 6, S. 258), während die Anspielung auf den dionysischen Charakter seines Zarathustra im nachträglichen Vorwort zur *Geburt der Tragödie* zu finden ist (KSA 1, S. 22). Die anschließende Schmährede auf Sokrates ist zusammengebaut aus Zitaten, die ebenfalls *Jenseits von Gut und Böse* entnommen sind (KSA 5, S. 146 und S. 12). Schließlich endet er mit einem längeren Abschnitt aus der *Fröhlichen Wissenschaft* (KSA 3, S. 569).

Sokrates erlaubt sich den Spaß, Nietzsche mit dem kultischen Ruf »Io, io, io!« zu erschrecken, mit dem bei antiken Feiern die Frauen den Gott Dionysos herbeiriefen. Dieser Gott war bekannt dafür, dass immer dort, wo er erscheint, alles durcheinandergerät. So auch hier, denn Sokrates reißt den armen Nietzsche nicht nur zum Tanze mit, er gebraucht dabei auch noch dessen Bekenntnis zu dem »Gott, der zu tanzen verstünde« aus *Also sprach Zarathustra* (KSA 4, 49). Sokrates' Selbstporträt als Silen bzw. Satyr spielt an auf eine Passage aus Platons *Symposion* (215a–216d).

Fünftes Zwischenspiel im Himmel

Nietzsches entspanntes Ausruhen nach dem Tanz spielt an auf das Kapitel »Mittags« aus *Also sprach Zarathustra.* Von dort (KSA 4, S. 343f.) sind auch seine »gedankenlosen Gedanken« entnommen.

Die Beschreibung der glänzenden Erscheinung Aphrodites spielt mit Motiven aus dem *Großen Homerischen Hymnus* an die Göttin (Zeilen 86–91).

Die wenigen Worte, die der hingerissene Denker noch auszustoßen vermag, sind ein Zitat aus dem Stück »Sprüche und Zwischenspiele« in *Jenseits von Gut und Böse* (KSA 5, S. 99). Das Bild der in Nietzsche hineinschlüpfenden Götter spielt an auf einen Abschnitt aus Platons *Symposion*, wo von Sokrates gesagt wird, er gleiche einer Skulptur, deren Brust man öffnen könne, um dort Götterbilder aufzustellen (221d–222a).

Über den Autor

Dr. Christoph Quarch, geboren 1964, ist Philosoph aus Leidenschaft. In Heidelberg und Tübingen studierte er Philosophie, Theologie und Religionswissenschaften. Zu Studienzeiten arbeitete er für Prof. Hans-Georg Gadamer, danach unterrichtete er an verschiedenen Universitäten. Mehrere Jahre war er als Studienleiter des Deutschen Evangelischen Kirchentags tätig. Heute ist Christoph Quarch freier Philosoph, Autor und Publizist. Er veranstaltet Coachings und Seminare zu Themen der Lebenskunst und Philosophie. 2011 rief er das Magazin *Wir – Menschen im Wandel* ins Leben. Er lebt mit seiner Familie in Fulda. Zu seinen zahlreichen Veröffentlichungen gehören: *Eros und Harmonie* (Freiburg 2006), *Die Macht der Würde* (Gütersloh 2007), *Unsere Welt ist heilig* (Freiburg 2009) und *hin&weg* (Bielefeld 2011).

www.christophquarch.de